# 不動産投資
# 一棟目の教科書

改訂新版

長岐隆弘・監修
非営利型一般社団法人 不動産投資家育成協会・編著

## ある日のセミナー風景

―不動産投資家育成協会―

本書における投資関連の内容はあくまで、その手続きや手法の一例として、紹介しています。

それらに基づく投資行為は、皆様の自己責任をもって、のぞまれますよう、お願い致します。

# はじめに

　投資にも様々な種類がありますが、その中でも注目されているのが「不動産投資」です。「夢の家賃収入」が得られるということから、老若男女のあらゆる世代から、とても人気があります。
　一方で、「不動産」と「投資」のいずれの言葉も、ギャンブル的なイメージがあり、世間一般の人から見ると「アヤシイ」イメージの業界です。
　「夢の不労所得が得られます！」
　「節税になります！」
　「将来の個人年金として有効です！」
などと言葉巧みにセールスして、高額な不動産を購入させる、いわゆる「悪徳業者」に騙されるのではないかと戦々恐々としている個人も多いと思います。

　では、実際のところはどうなのでしょうか？
　将来のお金の不安を解消するために不動産を購入しようと思ったまったくの初心者が、実際に不動産投資の業界に入ってくるとどうなるのでしょうか？
　結果は、やはり思ったほど芳しくないのが実情のようです。不動産業者から高値で物件を買わされたり、損切りしてまで売らされている素人がほとんどなのです。**まさに「情報弱者が損をする」業界なのです。**

　私は30年近く、不動産業界にいます。不動産の良し悪しについて、自分の中で、信条としていることがあります。

それは「**その人が、不動産についてどんなにいいことを言っているかではない。その人が、どんな立場で語っているのかが、重要だ**」ということです。**『何』を言っているかが重要なのでなく、『誰』が言っているかが重要だ**ということです。

つまり、こういうことです。不動産のプロは、かならず、売りたい商品があります。したがって、**プロの話を素人が聞くと、最後にはその商品を売り込まれてしまうので、プロの話をうのみに聞いてはいけない**ということです。

不動産投資の本当の話を聞きたいなら、不動産投資を実際にやっている「不動産投資家」から直接聞かないとだめだということです。しかも、その不動産投資家のやっている方法が、あなたにとっても「再現性」のある方法でなければ、その話を聞いても役に立たないでしょう。

私はこれまでに、非営利型一般社団法人不動産投資家育成協会の代表理事として、10年間にわたり延べ2,000名の不動産投資家を育成してきました。**1年間で新規入会した200名の会員のうち150名の会員が、まったくゼロから始めて不動産投資家としてデビューすることができました。**

**全くの初心者で年齢も職業も性別もばらばらの人を集めて、75%の人が物件を購入できている**のです。**「再現性」のある方法でなければ、これほどまでに高確率で初心者が物件を購入することはできないでしょう。**

こんな話をすると、疑り深い人からこんなことをよく言われます。
「そんなに購入できる人が多いのは、もともと高年収や貯金がたくさんある人ばかり集めているんでしょう！」

全く、違います。むしろ逆です。
150名の購入者の中には、専業主婦や大学生までいるほどです。高属性(※1)とは程遠い、むしろ限りなく低属性の人たちにも同じように物件を購入してもらっているのです。
私からすると、「高年収や貯金がたくさんある人が物件を買える」という考え方は、間違っています。**物件を購入するにあたって「年収や貯金があるかないか」は関係ありません。**
低属性の人であってもどんどん物件を購入する人はたくさんいますし、同様に、高属性の人であっても全く物件を買えずに不動産投資をあきらめる人もいるのです。

では、その違いはいったい何でしょうか？

その答えは、**「再現性のある正しい方法をしっかりと理解し、愚直にその方法を実践すること」**たったこれだけです。
**そもそも本書の内容は、不動産投資家育成協会が新規入会会員に提供している初心者向け講座（不動産投資家養成講座ベーシックコース）の内容をもとに作成されています。その内容をそのままに、令和時代の最新の不動産投資に即した内容で、これから不動産投資を始め**

※1　**属性**：年齢や家族構成、年収や資産状況、勤務先等の個人情報及び、ローンや公共料金等の支払い情報のこと。

たいと考えている読者に自宅にいながら学習できるように書籍化されたものなのです。すでに2,000名以上の受講実績のある再現性の最も高いノウハウが詰まっていますので、どうぞ安心して手に取ってください。

興味を持たれた方は、どうぞ、この先を読み進めてください！

2023年2月吉日
非営利型一般社団法人不動産投資家育成協会
代表理事　長岐　隆弘

## 第3章 不動産投資のための「全国投資マーケティング®」　…107

# 第1章

# 不動産投資を始める前の基本ルール

本章では、不動産投資に成功するために必要な「目的、目標」の設定の仕方や「コミュニティ」の活用方法など不動産投資を始める前に知っておくべき「基本ルール」について詳しく解説していきます。

# 1 「不動産投資」と「大家さん」とはなにか

## ◉「不動産投資」とは

そもそも「不動産投資」とはどのようなものなのかを説明していきます。

**不動産投資とは、「人に貸し出す目的で不動産を購入し、その不動産を貸すことで家賃収入を得ること」です。**

人に不動産を貸し出して家賃収入を得るということは、古くは江戸時代から始まり、本質的には人間の生活の基盤となる「衣食住」の「住」に根付いた社会的価値のある事業です。

日本全体の住居の35％程度は賃貸住宅と言われてます。そのうち不動産投資の市場規模は18兆円程度と言われています（国土交通省資料より、2018年）。

不動産投資で得られる収入には２つあります。

**１つ目は「家賃収入」で、入居者から毎月入ってくる家賃です。**

不動産投資は多くの場合はローンを使って不動産を取得しますが、家賃収入からローンの返済、管理費（※2）、税金などを差し引いて残ったものが最終的な現金収入となります。

**２つ目は「売却益」で、物件の売却により利益を得ることです。**

購入金額よりも高い金額で売却したり、ローンを返済していき、残債額よりも高い金額で売ったりしたときなどに利益が得られます。

---

※2　**管理費**：賃貸不動産の建物・設備の維持管理に必要な経費のこと。区分マンションでは、管理組合に、一棟物では管理会社に支払う。

## ◉「大家さん」とは

「不動産投資」とはどのようなものかについて、理解が深まったら、次に「不動産投資を行う人」について、詳しく見ていきましょう。

不動産投資を行う人を「不動産投資家」と呼んだり、もっと身近な言い方をすると「大家さん」と言ったりします。

本書では、これ以降、不動産投資を行う人のことを、親しみを込めて「大家さん」と呼ぶことにします。それでは、その「大家さん」とは、そもそも何なのかというところから説明します。

不動産と一口に言っても、住宅もありますし、オフィスとか飲食店の店舗とか、いろんな不動産があります。大家さんとは、そういう様々な不動産を貸す仕事です。

本書では

・不動産を人に貸して、
・自分が働けなくなっても（働かなくても）、稼ぐことができ、
・自分が死んでも、愛するパートナー（夫や妻）や子供に財産を残せる

ような仕事をしている人を「大家さん」と呼ぶことにします。

大家さんは、人間の生活の基盤となる「衣食住」の住を担う仕事ですから、今後、どんなに社会が変わり、仕事の種類が変わっていったとしても大家さんはなくならない仕事でしょう。

そして、大家さんには、大きく２つの特徴があります。

その２つの特徴とは、

① 誰でもできる
② 子供への財産

です。

まず、「①誰でもできる」という特徴について説明します。

**大家さんになるために、学歴とか性別とか年齢とか一切関係ありません。誰でもできる職業が大家さんです。**

実際に大家さんをやっている方は、昔からの地主さんもいますし、高学歴で上場企業の会社員もいますし、学歴は中卒で、自営業だけれども、大家さんとして成功している人もいて、本当に誰でもできます。

**これまでは大家さんというと年配の男性が多かったのですが、ここ数年は女性の方の数も増えています。大家さんは人に家を貸すお仕事なので、女性の方が向いている仕事です。**

次に、２つ目の特徴の「②子供への財産」について説明します。

大家さんは、子供が望むのであれば、その大家さんとしての仕事を子供に引き継げます。

しかも、**不動産はそのまま残せるので、相続して子供に一つの財産として残せるというのが**この大家さんのメリットです。

また、**自分が子供に不動産の買い方を教えてあげられるということだけでも、素晴らしいメリットになるでしょう。**

不動産の知識は、マイホームを購入する際に、必ず必要となりますが、残念ながら、今の日本では誰も教えてくれないことです。もちろん、学校では教えてくれないですし、自分の親も、ほとんどの人が教えられないのではないでしょうか。

日本の学校教育でも、株式などの投資について家庭科のひとつとして教えるという取り組みが始まってきましたが、今後の金融教育の一つとして不動産の知識を子供たちに伝えてくことはとても重要になっていくことでしょう。

# 2 不動産投資のメリットとは

不動産投資は、他の投資にはないメリットがあるので、そのメリットについて説明します。

## メリット1 銀行から融資を受けて投資できる

一般的な投資商品は自己資金の範囲内での投資となりますが、**不動産投資においては、銀行の融資を得て行うことができます。**つまり、融資を使うことで「レバレッジ」をかけて投資することができます。

**レバレッジとは「てこ」のことで、自己資金だけでは手の届かなかった金額の物件に投資することも可能となります。**

## メリット2 安定した現金収入を得る

家賃収入は人の生活に根付いた収入であるため、他の多くの投資や事業の収入に比べると安定しており、かつ、変動の少ない現金収入です。

このため、毎月の収入が極端に変動することはほとんどなく、リスクを抑えて投資することが可能です。

**ただし、近年では人口減少や少子高齢化、賃貸物件の供給数が増えている地域もあるため、購入前に賃貸需要の調査を行うことは重要です。**（これらの調査方法の具体的な内容については、第３章および第４章などで詳しく説明します。）

## メリット3 副業でも取り組みやすい

不動産投資は、不動産に投資して、その不動産から収入を得ることができます。つまり、**不動産という「モノ」に働かせて収入を得るため、自分が直接「働く」必要はありません。**

さらには、物件の仕入れ、管理、入居者の客付け（※3）などもプロの不動産業者にアウトソーシング（委託）することができるので、自分は本業の仕事や家庭に時間を使っても収入を得る仕組みが作れます。

以上の3つが主なメリットとなりますが、それ以外にも次のようなメリットがあるとされています。

**その他のメリット　1**　**インフレ対策になる**
（現物資産で物価の上昇に応じて物件価格も上昇するため）
**その他のメリット　2**　**生命保険代わりとなる**
（団体信用生命保険の利用）
**その他のメリット　3**　**税金対策となる**
（相続税の軽減や、所得税の軽減が可能）
**その他のメリット　4**　**事前に投資のリスクが回避できる**
（購入してはいけない物件を事前に判断できる）

※3　**客付け**（きゃくづけ）：不動産会社が買い手や、賃貸物件の借り手を見つけて仲介を行うこと。

不動産投資を始める前の基本ルール

# 3 不動産投資に失敗する3つの典型的なパターン

経営の世界でよく言われる言葉にこういうものがあります。

「成功する会社を100％当てることはできないが、失敗する会社は100％わかる」

これは非常に面白い、かつ納得できる観点で、不動産投資にも同様のことが言えます。つまり、失敗のパターンを知っておけば、結果として「必ず失敗する」という羽目にならなくてすむということです。

2,000名以上の数多くの投資家を見てきた中で、失敗する人たちには常にある一定のパターンがありました。失敗事例を具体的にご紹介しながら「失敗に陥るパターン」を一緒に考えてみましょう。

## 隣同士の物件を購入したのに明暗が分かれたケース

（物件概要）

・場所はとある地方都市　中心地から物件までの距離は車で30分

・同じ敷地内にマンションが二棟（仮にA棟・B棟とする）

・建物の条件は同じ

築年数21年／鉄骨造／3階建て／1K25㎡×15室

・家賃　一室35,000円

・現在の空室　15室中7室

・満室想定家賃月収　525,000円

物件価格はA棟・B棟ともに同額で7000万円。別々の個人投資家に売却されました。

満室想定で表面利回りは９％と、投資物件としては高めのリターンが見込めます。ただ、地方都市であること、中心地まで車で30分かかることなど立地の点ではマイナス要素も見られます。また、15室中７室が空室というのが非常に気になります。

不動産投資初心者のサラリーマンＡさん（東京都在住）はこのうちのＡ棟を不動産会社から「自己資金ゼロで購入できる」と勧められて検討を始めました。

**（Ａさんの資金計画）**

**・アパートローンを利用　融資期間30年**

**・融資金額　物件価格プラス諸費用分（オーバーローン）　7500万円**

**・購入の際の条件として**

**＊この物件の不動産仲介会社が購入後６か月間の満室家賃を保証**

**＊空室部分の７室のリフォーム費用を不動産会社が負担**

半年以内に空室が埋まれば、満室想定の利回りが実現します。入居者募集がしやすいように空室をリフォームすることも決まり「半年あれば、大丈夫だろう」という目論見でＡさんは購入を決意しました。

**（Ａさんの想定キャッシュフロー）**

**・毎月のアパートローン返済額　38万円**

**・管理会社に支払う管理費用　３万円**

**➡　満室想定の家賃収入は52万5000円なので、手取りは11万5000円になる見込み**

自己資金なしで購入して、キャッシュフローが毎月手取りで11万5000円！これはかなり魅力的な条件のように見えますね。さて、計画通りに進むのか？Aさんのその後の結果を見る前に、もう一つの建物（B棟）を購入したBさんをご紹介しておきます。

**BさんもAさんと同じく不動産投資は初めてというサラリーマンです。ただ、不動産会社に相談する前に不動産投資家育成協会の「ベーシック講座」で不動産投資の基本を学んだうえで購入を検討しました。**

**（Bさんの資金計画）**

- **アパートローンを利用　融資期間30年**
- **融資金額　フルローン　7000万円**
- **賃料保障やリフォーム費負担などの条件はなし**

サラリーマンの属性を活かしてアパートローンを使ったのはAさんと同じですが、金融機関についてもしっかり勉強していたおかげで「安い金利の銀行」を選択することができました。購入の際の諸費用500万円を自己資金でまかなうことを決めたのも「毎月の返済額を少なくしたい」と考えたからです。

**（Bさんの想定キャッシュフロー）**

- **毎月のアパートローン返済額　31万5000円**
- **管理会社に支払う管理費用　3万円**

**➡　満室想定の家賃収入は52万5000円なので、手取りは18万円になる見込み**

Bさんは、勉強して身につけた「大家力」とでもいうべきものを信じて不動産仲介会社の家賃保証などを頼りにすることなく、自分で賃貸募集をすることに決めました。
さて、全く同じ物件を買ったＡさんとＢさん。半年後、どのような結果になったでしょう。

**（６か月後のＡさんのキャッシュフロー）**
**・家賃収入　35,000円**
**・毎月返済額　▲380,000円**
**・管理費　▲30,000円**
**＊CF　▲375,000円**

え？これはどういうことでしょうか？なんとＡさんの購入したＡ棟は、購入後半年の間に埋まっていた８室のうち７室の住人が退去して、家賃保証が切れた半年後には１室しか埋まっていないという状況になってしまったのです。家賃収入はたった一室分ですから、返済額と管理費を支払ったら、大赤字。手元にお金が残るどころか、マイナス37万5000円という惨憺たる結果となりました。

Ｂさんの方はどうでしょうか？

**（６か月後のＢさんのキャッシュフロー）**
**・家賃収入　525,000円**
**・毎月返済額　▲315,000円**
**・管理費　▲30,000円**
**＊CF　＋180,000円**

こちらは、なんと満室経営を実現しています。６カ月の間、自身のアイデアや努力によって空室だった７室を埋めて満室にすることができました。予定通り、毎月プラス18万円のキャッシュフローを得ることに成功したのです。

立地条件が同じ物件を、同じ初心者のサラリーマンが購入したのにこれだけ結果が変わるということがあるのです。読者の皆さんは「こんなのは珍しい例でしょう」と思われるかもしれませんが、そんなことはありません。実際に、同じようなことが日常的に起こっています。

Ａさんと同じような失敗をしないために、この事例から不動産投資で“必ず”失敗する３つのパターンを見つけていきましょう。

## 不動産投資で失敗する３つのパターン

Ａさんの事例で一番驚いたのは、半年後に満室になるどころか空室が増えていたということです。半年間の家賃保証に安心して空室対策を業者任せにしていたのが悔やまれるところです。また、不動産業者の勧めるままにローン会社を選んだり気軽にオーバーローンを組んだりしたことも、結局は毎月のキャッシュフローでの支出を増やすことにつながってしまいました。

### ①　不動産会社の話をうのみにしてしまう

**不動産投資に失敗する３つのパターンの一つ目はＡさんのように「不動産会社の話をうのみにしてしまう」ということです。**

投資物件専門の不動産会社はたくさんあって、購入検討時には賃料相場のマーケティングや収益計算をしてくれます。ただ、不動産業者は「物件を売る」のが目的です。それによって得る仲介手数料が利益となるのですから、それは当然のことです。もちろん、だからと言って嘘の情報を提供するというようなことはありませんが、どうしても「自分たちに都合のいい情報の方を優先する」ということはありそうです。家賃相場なども、募集家賃と実際の家賃が乖離しているケースも多いのです。業者が調べた情報が正しいのかどうかは、やはり自分自身で確認することが必要です。

そうです。**つまり「自分できちんと調べない」ということです。**業者が調べた情報は自分で調べた結果と同じになるのか。もしも違う場合はその理由は何か。調べ方としては、インターネットを利用するのはもちろんですが、他にも物件の近くに店を構える賃貸業者に電話をして入居者の需要の有無をヒアリングすることなどもできるはずです。

## ② 物件を実際に見に行かない

**2つ目は「物件を実際に見に行かない」ということです。購入する前に物件を見に行くかどうかは成功と失敗を分ける非常に大きな要素となります。**物件紹介をしてくる業者は「すぐに決めないと買えません」と言ってくることがあります。また、たとえば物件紹介が週の初めだった場合にはサラリーマンの場合は次の休みまでは現地に足を運ぶことが時間的に難しいということもあるでしょう。「実際に見ないままに購入する」ということの裏側にはこのような事情があることは承知しています。

ただ、それでもあえてここは強く主張したいのです。「購入する前に必ず物件を自分の目で見てください」と。**不動産投資というのは、株やFXと違って現物への投資です。その物が本当に資料通りかどうかを確認するというのは絶対に必要なプロセスです。**実際に行ってみると思っていたのと違ったということは、日常茶飯事です。不動産会社が出してくる写真だけを見て「カッコイイ」「きれい」などと満足してしまってはいけません。

## ③ 自己責任であることを理解しないままに不動産投資を始める

**失敗するパターンの3つ目は「自己責任であることを理解しないま**

**まに不動産投資を始める」ということです。うまくいかないことや都合の悪いことをすべて誰かのせいにしてしまう人は、必ず失敗します。**これはどんな種類の投資にも言えることですが、投資は自分自身の責任ですべきものです。「業者さんにすすめられたから」と安易な気持ちで始めた人はうまくいかないときには「業者が何にもしてくれないから」と他人のせいにします。空室が埋まらないのは管理会社のせい、物件が悪いせい、そもそもそんな物件を紹介した業者が悪いせい…と、他責のスパイラルに陥ってしまいます。

本の最初に失敗例と失敗のパターンを紹介したことで、脅かしてしまったかもしれませんが「失敗したくない！」と強く思っていただけたら幸いです。本書で学んでいただければ、初心者の方でも最初の物件購入から「失敗しない」スタートを切ることが可能です。

**（まとめ：失敗する３つのパターン）**

**その１　不動産会社の話をそのままうのみにしてしまう**

**その２　物件を実際に見に行かない**

**その３　自己責任であることを理解しないままに不動産投資を始める**

不動産投資を始める前の基本ルール

# 4 不動産投資に成功するための3つのポイント

本書のもとになっているノウハウは、**非常に再現性の高い手法を採用**しています。

その根拠としては、**非営利型一般社団法人不動産投資家育成協会で開催している講座のノウハウを抽出しているから**です。

不動産投資家育成協会とは、北海道から沖縄まで日本全国に2,000名以上の会員が在籍している大家さんの団体です。会員の年齢は20代～60代、職業も会社員、公務員を中心として、自営業者、個人事業主、経営者、医師、税理士などの士業、さらには専業主婦や学生など非常に幅広い属性の人たちが在籍しています。

物件を購入した会員さんは、会社員や公務員が中心ではありますが、年収が高い、金融資産をたくさん持っている、いわゆる属性が良い人だけが購入しているかというと、決してそんなことはありません。

**不動産投資で成功するにあたって現在の職業や収入は一切関係ありません。**

不動産投資で成功するためのポイントは３つあります。

**①「目的、目標」をしっかり決める。**
**②「物件選定」をしっかりする。**
**③「全国投資マーケティング®」の手法を実践する。**

初心者の方は不動産投資を始めるにあたって、不動産の知識および不動産投資の手法を一生懸命勉強される方がいますが、自分に必要のないノウハウまで集めて満足している方が非常に多いです。むしろ**不**

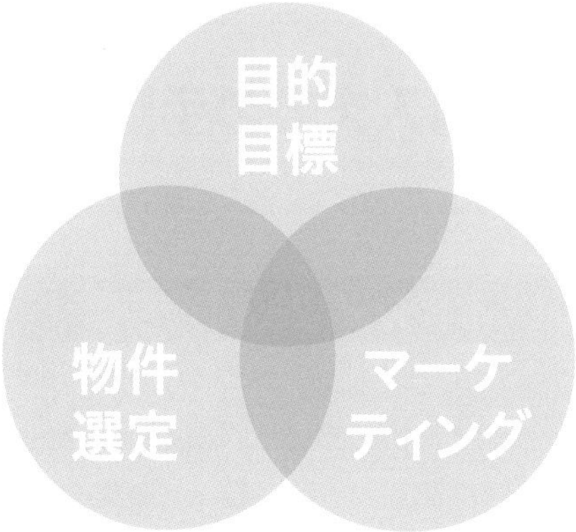


**動産のノウハウをたくさん学んだだけでは、成功することは難しいのです。なぜなら、この３つのポイントをしっかり取り組まなければ成果が上がらないからです。**

この本では、３つのポイントを集中的にかつ皆さんが自分でも実践できるような工夫が凝らされています。ですので、本書を最初からしっかり理解し行動することによって、同じような結果をあなたも出すことができるはずです。

不動産投資を始める前の基本ルール

# 5 物件購入までの手順

本書の構成と11の手順

最初の物件購入をするまでの「一連の流れ」を、ここでは説明したいと思います。具体的な手順は第２章以降で詳しく説明していきますが、ここでは物件購入までのおおまかな流れを抑えておきましょう。

## 1 「目的・目標」を設定する

不動産投資においては、目的を明確にし、目標を設定して、それに向かって次に挙げる❷から⓫を実践していく必要があります。

一例として、「１年以内に物件を一つ購入する」と仮設定をしてみましょう。そして、それを達成するために行動することこそが「結果」を生み出します。

まず時間を区切って、決めることが大事です。１年という「時間・

期間」がどうにも自分でイメージできないようであれば、例えば30歳、40歳、50歳といった自分の年齢を基準に時間設定してもいいかもしれません。まずは仮設定でも良いので達成したい目標を自分で決めましょう。

## 2 「物件選定(※4)」をする

目的と目標の設定ができたら、次にそれを達成するためにどのような条件の物件を探していけばいいかという「物件選定」という段階に入ります。

投資用物件には、「区分」または「一棟物」、「新築」または「中古」、物件の構造（木造、鉄骨造、鉄筋コンクリート造)、物件の所在地などの条件で得られる収入も変わってきます。

そして、**目標に沿った収入を得るための物件を選定することを「物件選定」といいます。**

例えば、月に数万円の収入を得たいということであれば中古の区分マンションでも目的を果たせますが、月に10万円を越えるような大きな収入を得たい場合は一棟アパート物件を購入しないと難しいでしょう。さらに大きな収入を得たいということであれば規模の大きな一棟マンションを購入していく必要があります。

**このように、目的や目標次第で購入していく物件の条件が大きく変わってくるため、適切な物件を選定することは大変重要となります。**

---

※4　**物件選定**：一口に収益物件といっても、区分所有なのか一棟物なのか、新築なのか中古なのか。また構造や築年によっても変わる。それらを選定することを、物件選定という。

## 3 物件選定条件に従い「物件探し(※5)」を行う

物件探しは、主に不動産投資情報専門サイトを使って行います。これらのサイトには、不動産投資を対象にした物件の販売情報などが集まっています。

物件探しを行う中で、さらに検討したいような目ぼしい物件が見つかったら、その情報に対して詳細情報の請求を行い、資料を入手します。

例えば、不動産投資情報専門サイトには通常、該当の物件を取り扱う不動産業者の連絡先メールや問い合わせ先の記載があります。そのサイトの窓口へ、「物件を検討してみたいので資料が欲しい」旨、メールなどで連絡して詳細情報を入手します。

資料請求してから、さらに検討を進めたり、不足している情報を入手する場合には、その物件を紹介している、または、売主である不動産業者と面会します。検索によって資料請求を行った先の不動産業者は、その物件の売買に関する具体的な情報をもっています。

この「より具体的な情報」には、ネット検索では知ることの出来ない物件の評価や価値を知り得ることが多くあるので、情報収集の一環として重要なプロセスとなります。

## 4 物件資料をもとに「収支計算(※6)」をする

「収支計算」とは、不動産を賃貸する場合に想定される家賃収入や、物件の運営にかかる経費、ローンの返済を考慮した月単位、年単位の収支を計算することです。

---

※5　**物件探し**：収益物件をインターネットで検索すること。主に不動産投資情報専門サイトを使って検索を行う。

※6　**収支計算**：その物件がどれくらいの収益を生み出すのか計算すること。

## 5 物件の賃貸需要があるか「マーケティング(※7)」をする

検討している物件が仮に空室になったとしても満室にすることができるかを調べることを「マーケティング」といいます。不動産会社に電話で問い合わせたり、インターネットを駆使して調査を行うことで「裏付け」を取ります。

## 6 ある程度の需要が見込めると判断できたら実際に現地へ行って「現地調査」をする

「現地調査」とは、検討している物件を実際に現地で確認することでマーケティングで調査した内容が正しいかを検討することをいいます。

## 7 購入に値するという判断ができれば「買付け(※8)」をする

「買付け」とは書面による購入申込みを行うことです。また、その書面を「買付証明書」といいます。

## 8 金融機関への融資を申込み、「融資承認」をもらう

次に融資を得るために金融機関に融資の打診(※9)を行います。

金融機関は物件や物件を購入する買主の属性を審査(※10)します。審査の結果、融資しても問題無いという判断となれば融資の承認が得られます。

---

※7　**マーケティング**：人口動態、商業圏の有無、賃貸ニーズなど、様々な視点からエリアの特性や将来の市場動向を分析すること。

※8　**買付け**（かいつけ）：書面による購入申込みを行うこと。その書面を「買付証明書（かいつけしょうめいしょ）」という。

※9　**融資打診**：融資の本申込みを行う前に、「融資条件に合致するか」「合致する場合、どんな融資を受けられるのか」といったことを事前に打診をすること。

※10　**審査**：融資を受けるための金融機関による審査。主に年収と自己資金、購入する物件の評価を審査する。

## 9 売主と「売買契約」を締結する

融資承認がもらえたら、売主と売買契約を締結します。契約書類には、通常、「売買契約書」と「重要事項説明書」がありますが、契約書の内容を十分すぎるほど理解した上で「契約を交わす」のは基本中の基本です。

## 10 金融機関と「金銭消費貸借契約[※11]」を締結する

金銭消費貸借契約とは、融資の借入に際して金融機関と締結する契約のことを言います。融資金額、返済方法、返済期日、利率、毎月返済額などの融資条件についての取り決めを金融機関と交わします。金銭消費貸借契約のことを略して「金消契約（きんしょうけいやく）」と呼びます。

## 11 不動産の「決済・購入」が完了する

「決済」とは、不動産の代金を支払うことで決済が完了するとその不動産は晴れて購入することができます。

以上が物件購入までの一連の流れになります。

※11　**金銭消費貸借契約**（きんせんしょうひたいしゃくけいやく）：融資の借入に際して金融機関と締結する契約融資条件（融資金額、返済方法、返済期日、利率、返済額など）や抵当権設定に関すること、繰上返済や期日前全額返済に関すること、遅延損害金に関することなどが盛り込まれている。

## 6 不動産投資を始める前の基本ルール

# 不動産投資に必要な8つの基本セオリー

不動産投資に必要なセオリーを８つにまとめます。

- セオリー１ 「不動産投資は自己責任」という認識を持つ
- セオリー２ 不動産投資の「目的」と「目標」を設定する
- セオリー３ 「先駆者（メンター）」を見つける
- セオリー４ コミュニティの有効な使い方を理解する
- セオリー５ 不動産業界特有のヒエラルキーを理解する
- セオリー６ 不動産仲介業者とは何かを理解する
- セオリー７ 「物件が世の中に出回る仕組み」を理解する
- セオリー８ 必ず「現地」を確認する

### セオリー1

## 「不動産投資は自己責任」という認識を持つ

**ここで皆さんに知っておいてほしいことは、サラリーマンの仕事と、不動産投資は全く異なるということです。**

サラリーマンの仕事は、会社や上司からの命令などによる受け身の仕事でも成り立ちますが、不動産投資は皆さんが「会社の社長」にあたるポジションとなります。

社長が何も命令を出さずに、全て社員に任せっきりでは会社はうまくいきません。それと同じで、不動産投資は関連するパートナーに的確に指示を出さないと基本的にはうまくいかずに、失敗してしまうことが多いのです。

**この概念をわかりやすく説明しているのが『金持ち父さんのキャッシュフロー・クワドラント』(ロバート・キヨサキ著・筑摩書房)です。**多くの不動産投資家達のバイブルと言われている『金持ち父さん貧乏父さん』シリーズの２冊目の書籍ですが、この本の中で「キャッシュフロー・クワドラント」という概念が出てきます。

これは、職種を４つに分類して、どのカテゴリーに入っているかによって、お金の稼ぎ方が変わるということを伝えています。

具体的には、４つの分類に分けられます。

「**E=employee**」(従業員)
「**S=self employed**」(自営業者)
「**B=business owner**」(ビジネスオーナー)
「**I=investor**」(投資家)

従業員(E)であれば「会社のために」働き、会社の命令に従って仕事を行うことで収入(給料)を得て、会社の業績の「責任」は従業員が取るのではなく、最終的には会社が取ってくれます。

**しかし投資家(I)は、自分でものごとを考え、判断して、その責任も自分で取らなければなりません。いわゆる不動産投資家には、投資家の要素が必要なのです。**

投資は「自己責任」であり、不動産投資を行った結果がどうなるかについても皆さんが責任を取らなければなりません。

セオリー２

## 不動産投資の「目的」と「目標」を設定する

不動産投資で一番大事なことは、「あなたの得たい結果を得る」ということです。そのためには、その結果を得られるような物件を選定し、購入していく必要があります。
しかし、中には不動産業者に勧められるがまま物件を購入してしまったり、流行りの投資手法を追いかけていった結果、当初想定もしていなかった悪い結果になってしまったりします。または、流行りの投資手法や有名大家と同じ投資手法を真似しようとしても「属性」が違うので融資が得られずに真似できない、といったことはよくあります。
**ここで大事なことは、「目的の明確化」と「目標設定」です。**そもそも、「目的」と「目標」という言葉の違いがあいまいな人もいると思いますので、その違いも明確にしながら説明していきます。

### ◉「目的の明確化」とは

まずは、皆さんが何のために不動産投資を行うのか、不動産投資を行った結果として何を得たり、実現したいのかを明確にしましょう。つまりは、不動産投資を行う「目的」を明確にしましょう。
**そもそも目的の定義は何かというと「あなたが目指したいゴール、最終の理想状態」です。**不動産投資をしたことによって何を得たいか、どういう状態になりたいかということを書き出してみましょう。
ここで役に立つ考え方を一つご紹介すると、前出の『金持ち父さんのキャッシュフロー・クワドラント』にもあるように、以下の3つについて考えてみる方法がお勧めです。

**1． Be　（なる）**
**2． Do　（する）**
**3． Have （持つ）**

一般的には「目的」というと「○○が欲しい（Have)」であったり、「□□をやりたい（Do)」であることが多いですが、さらに、不動産投資を行なうことで将来「どういう自分になりたいか、または、どういう自分でありたいか（Be）」ということを明確にしてみることも大事です。

ぜひ３つの点から皆さんの目的、もっとわかりやすく言うと、「やりたいこと」をたくさん書き出してみてください。なお、**目的は内容が明確なほど、さらに、たくさん書けば書くほど多くのことが達成しやすいと言われていますので、ぜひ100個以上を目安に紙に書き出してみてください。**

目的はただ頭の中で思っていたり考えているだけでは叶えることが難しいのです。その理由としては、人は頭で考えていることは強く意識していないとそのうち忘れてしまいます。その結果、目的を作っても達成できないことが良くあります。

皆さんの中にも、例えばお正月に、今年は何キロ痩せようとか、禁煙しよう、などといった目標設定をしたけれども、すぐに挫折してしまった経験はないでしょうか？　このように挫折してしまう一番の理由は、その人の意思が弱いからではなく、目的が頭から離れてしまうからなのです。

**このため、目的を紙にしっかりと書き出して、日々見直すことで徐々に頭の中にも定着していき、その結果目的が達成できるようになるのです。**

### ◉「目標設定」とは

次に目標の定義についてですが、**目標とは「その目的を達成するために必要な条件」になります。**

その際に重要な考え方としては最初に目的をしっかり決めましょう。そして、その目的を達成するために、「いつまでに」「どういう状態になっていたいか」ということから逆算して目標を設定します。

目標はその目的を達成するにあたっていくつあっても良いのですが、目標設定するときに重要なポイントが２つあります。

１つ目は「必ず期限をいれる」ということです。「いつまで」を必ず明記しましょう。そして、これは具体的なほどよく、「何年後」ではなく、「何年の何月何日までに」と書くほうがより明確になります。

２つ目は、「具体的な金額を入れる」ということです。不動産投資の場合は、結局お金に換算することができる目標になりますので、何年の何月何日までに「いくらの資産を得る」とか、「いくらの現金収入を得る」など具体的な金額として表してください。

目的を明確化して、それぞれの目的を達成するために必要な目標がどうなるかを皆さん自身でまずは設定してみてください。

それが10年後に達成したいことなのか、５年後に達成したいことかによって進むべき道が変わってきますし、その道を実現するための具体的な計画・プラン（投資手法、買い進めるスピードなど）というのも変わってきます。

**以上のとおり、まずは「目的の明確化」と「目標設定」をしっかりと行なうことが不動産投資を進めていく上でも非常に重要になるので、「投資手法」を考える前にしっかりと考えてみましょう。**（P61.「ワーク１」を参照）

また、「目的の明確化」と「目標設定」の具体的なアプローチについては「見える化すればお金は増える！　書き込むだけでみるみる貯まるマネバナノートの作り方」（長岐隆弘著・集英社刊）に詳しく解説しているのでそちらをご参考にして下さい。

◉［明確な目的の例］

**例 1**　３年後までに、毎月ミシュランに掲載されているレストランに家族で通う。（毎月３万円）

**例 2**　３年後までに、毎年海外旅行に年２回以上行けるようになる。（年間30万円）――行きたい国は、アメリカ、フランス、イタリア、シンガポール、……。

**例 3**　５年後までに、長男が私立の○○中学校を通わせるだけの十分なお金を手に入れる。（入学金、授業料の３年間の合計が400万円）

**例 4**　10年後までに将来独立して自分の事業に取り組むのに必要な安定した家賃収入を得る。具体的には今の会社員給料（700万円）の２倍以上の収入（家賃からローン返済、経費を差し引いた手残り）を得られるようにする。

セオリー 3

## 「先駆者（メンター）(※12)」を見つける

目的、目標を設定したら、次に行なうべきこととしてはその目的、目標を達成するためのターゲットとなる物件の条件を選定します。

不動産投資といっても、以下のように様々な選択肢があります。

- **区分か一棟物か**
- **物件所在地**
- **物件の構造（木造、鉄骨造、RC造など）**

※12　**メンター**：目指すロールモデル（目標）として存在し、アドバイスをもらう関係性。師匠。

**・物件の築年数**
**・融資先の銀行**

不動産投資を始めた当初はどの物件が自分に合うのかの基準が無いため、物件の条件を設定するのが困難なケースが多くなりがちです。

また、それぞれの物件によって、購入後の賃貸経営の難易度が異なったり、その人固有の事情や経験によってうまく扱えるかどうかも変わってきます。

そこで、ぜひ行なっていただきたいこととしては、**皆さんが得たい投資結果の指標となる「先駆者」の人を見つけるということです。我々はこのような存在を“メンター”と呼んでいます。**

**先駆者であるメンターを見つけて、その人が行ってきたやり方を参考にしたり、うまく真似て行なうことで、そのメンターと同じような結果を得ることができ、目標達成への一番の近道となるでしょう。**

### ◉メンターを見つけるための２つのポイント

メンターを見つけるうえでのポイントとして２つあります。

**１つ目は、「自分と同じような属性の人や、目的・目標が似ている人を選ぶ」ということです。**

不動産投資は融資が得られるかどうかが非常に重要です。

例えば、**カリスマ投資家の書籍を読んだり、セミナーで話を聞いて、その投資手法を真似しようとしても、その投資家と属性が異なっていたらそもそも融資を得ることができずに再現性がありません。**

書籍やセミナーではそこまで具体的な属性が開示されていないことが多く、中には書籍やセミナーなどで公表していない資産を持っていたおかげで融資が得られた、という事例まであるくらいです。もっと具体的に言えば、多数の有名投資家のノウハウが30個あっても、そのなかで本当に皆さんそれぞれにマッチしたノウハウはせいぜい２～３個しかありません。

ですので、**実際にその人に会ってしっかりと属性を確認したうえで、自分と近い属性の方を選ぶようにしましょう。**また、目的・目標が似ているという点についても、同じ属性でもいくつか選択肢がある場合にはやり方が異なることもあるので、**メンターとしたい人にはどういう目的や目標をもって不動産投資を行っているのかも聞くようにしましょう。**

**２つ目は、「ここ１～２年以内の直近で結果を出している人を選ぶ」ということです。**
**その理由としては、不動産業界は物件の相場や融資の状況などが時々刻々と変化しているので、過去の成功はあまり参考になりません。**
例えば、東日本大震災直後（2011年）の頃と現在では物件の相場は全く変わって現在の方が値上りしていますので、当時うまくいったやり方を真似しようとしても同じような結果を出すのは困難でしょう。
ですので、メンターに選ぶ人もできるだけ直近（ここ１～２年くらいが目安）で結果を出している人を選ぶようにしましょう。もちろん、昔に結果を出して、さらに、現在も結果を出し続けている人であれば時代の変化にも適応してきているので、より望ましいかもしれません。

以上のとおり、大事なのはメンターとすべき先駆者のやり方が真似できる、つまりは、再現性があることなので、その視点を重視してメンターを選ぶようにしましょう。

# コミュニティの有効な使い方を理解する

## ◉97％の人がノウハウを学んでも成功しない理由とは

正しい情報を知るだけでうまくいくのであれば、これだけ本やセミナーなどで情報が溢れている世の中においては、誰しもが成功するはずです。**しかし実際に情報を知ったとしても、結果が得られるまで継続して行動できる人はほんのわずかしかいません。確率にしたら３％程度でしょう。**仮に貴重な情報に触れる機会があったとしても、それを行動に移すことができるかどうかはまた別の問題だからです。

つまりは、正しいノウハウや情報が分かっていても、行動ができない場合の方が実に多いからなのです。これは心理学で言われていることですが、**人間が行動するにあたって重要なポイントは「それが正しいかどうか」ではなく、「自分の感情がやってみたいと思うかどうか」が重要だと言われています。**例えば、「勉強していい大学に入って、いい会社に入ればたくさんの給料がもらえる」ということを知っていたとしても、実際に勉強をやりたいと思ってやる人は多くありません。このように、正しいと分かっていても行動できないという事例は世の中にはたくさんあります。

## ◉不動産投資の３大失敗理由とは

不動産投資を行う上でも当初はやる気をもって始めたものの、活動していく中で障害が発生してくじけてしまうことが数多くあります。**例えば「時間の問題」です。これは、本業の仕事や、周りの人間関係のために時間がとられてしまい、不動産投資になかなか時間が割けないという問題です。**

**次に、「他人からの反対」です。不動産投資を始めたのちに、家族の反対や、職場の同僚の反対を受けて心が揺らいでしまい断念してし**

**まった、というケースもよくあります。**

**さらには、「すぐに結果が出ない」とモチベーションが維持できない人も多いでしょう。**人間は元来怠け者の性質を持っているので、モチベーションが高い時には頑張って行動することができますが、上記のように時間の問題や、他人からの反対、なかなか結果が出ないなどのネガティブな要因によってモチベーションが下がり、活動を継続することができない人は大勢います。

### ◉不動産投資を成功に導く最大のポイント

このため、活動を継続して行っていく上で大事なことは、**自分の精神状態を常にポジティブに保つための工夫をするということで、そのためには不動産投資に対しての「同じ価値観を持つ仲間」の存在が必要となります。**

同じ考え方、同じ価値観の人を仲間として一緒に盛り上げ、仲間同士で交流しながら活動することによって、自分の精神状態をポジティブに保つことができます。

時には、投資活動をする中で失敗することもあるので、落ち込んだりしますが、そういうときに仲間がいれば励ましあうことで諦めないで続けることができます。そういう仲間がいるかどうかが不動産投資を継続して行っていくうえでの一つのポイントとなるでしょう。

**さらには、仲間の存在を活用することで、一人で活動するよりもより多くの情報が得られるメリットもありますので、その観点からも大事です。**

### ◉不動産投資コミュニティを活用するメリット

**不動産投資においては、切磋琢磨する仲間を見つけたり、仲間同士で情報交換ができるコミュニティがありますので、それを活用することは有効でしょう。**コミュニティの中の情報を共有することによって、自分が経験していない情報も得られ、今までやったことのないことでも、既にもうやっている人がいればそれを真似することで同じような結果が得られます。

「自分の先駆者モデル」ともいえる「メンター」を見出すためには、そういったコミュニティに参加して積極的に情報交換しましょう。自分の目標を語ったり、自分の悩みを打ち明けたりすることで、それに対してアドバイスをくれたり、経験を共有してくれる仲間やメンターがきっと見つかるはずです。

**不動産投資コミュニティに参加したことが最初の大きな一歩の始まりであったという事例は多くの先輩投資家の方がすでに経験していますので、ぜひ皆さんも積極的に最初の一歩を踏み出してみてください。**

また、メンターやコミュニティの見つけ方や活用法についてのノウハウは「銀行員が教える一生困らないお金の増やし方」(長岐隆弘・高市亮共著・総合法令出版刊）に詳しく解説していますので、ご参考にして下さい。

セオリー5

## 不動産業界特有のヒエラルキー(※13)を理解する

ここで、不動産業界特有のヒエラルキー（上下関係）について説明します。

**不動産業界でのヒエラルキーは、いわゆる皆さんが考えている一般の業界と全く逆の構造をしています。**

---

※13　**ヒエラルキー**：社会的な階層構造または上下関係のこと。

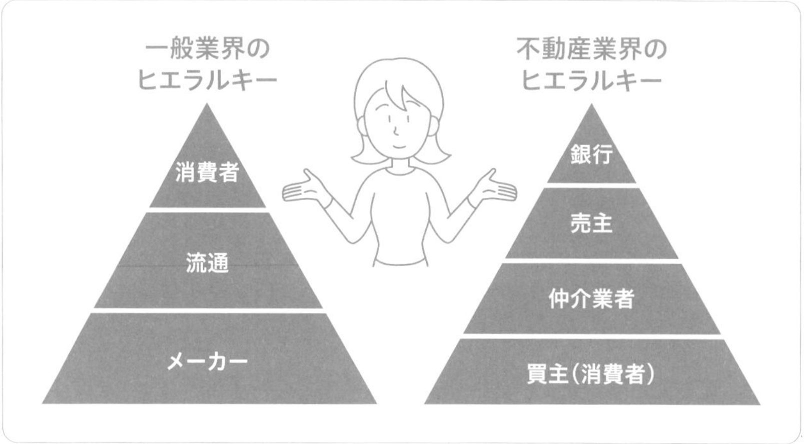


### ◉一般業界のヒエラルキー

一般の業界では、いわゆる消費者（買主）を頂点とした「消費者＞流通（仲介業者）＞メーカー（売主）」の関係性になります。

ひと昔前まではいいものをつくれば売れる、ものがよければ売れるというのが高度成長期の時代でしたが、今の日本の成熟した経済社会では、良いものだけでは売れません。消費者に選ばれるような安くて良いものでないと売れず、消費者が多くの類似商品の中からその商品を買うかどうかを選ぶ立場にあります。

お客さんの目に触れる以前に、流通の中で商品を採用されなければ、世の中に商品を出すことすらできません。

このため「消費者＞流通（仲介業者）＞メーカー（売主）」という関係となっているのです。

### ◉不動産業界のヒエラルキー

反対に、**不動産業界の場合は、「銀行＞売主（メーカー）＞仲介業者（流通）＞買主（消費者）」の関係性になります。なぜならば、お金を融資する銀行は、物件を購入する買主に対してだけでなく、物件を売**

**る売主に対しても強い立場となります。**

というのも、物件を買う人がいないとそもそも物件は売れず、その買主が買えるかどうかを握っているのが銀行だからなのです。さらには、売主も銀行から融資をうけて購入しているケースが多く、今融資をうけている残債以上の金額で売れないと物件を売ること自体が困難となるためです。

したがって売主と買主、両者の売買を成約させるためにも銀行の融資が必要となります。このため、資金調達先としての銀行の権限が強いというのが、不動産業界の特徴になります。

### ◉買主よりも売主の方が上位の理由

また、売主の立場の方が買主よりも強いとされます。それは、不動産というのは、同じものが２つとない、個別性の強いものだからです。加えて、日本の場合はもともと島国かつ山が多い地形なので、平地として人が住める土地の面積が少なく、住居を供給できる土地が限られているため、立地が良く需要のある不動産には人気が集まるという特徴があります。

**このため、需要が供給を上回るケースは多く、価格が上がると同時に売り手市場へとなり、売主の立場の方が強くなるのです。**

次に仲介業者の立ち位置について説明しますが、仲介業者は一般的には流通の立ち位置となり、売主から物件を供給してもらい、物件が成約した際に仲介手数料をもらう関係になります。つまりは、売主が売ろうとしなければ仲介業者としての手数料が得られないため、売主の方が強い関係になります。

### ◉買主よりも仲介業者の方が上位な理由

また、仲介業者と買主の関係については、**優良物件については、当然買いたい人が多いため、仲介業者がどのお客さんに物件情報を提供**

**するかコントロールすることができます。このため仲介業者の方が買主よりも強い立場となります。**

**一般の方は、自分は商品を買うお客様だから仲介業者がいろいろ便宜はかってくれるのではないかと勘違いする人が多いようです。しかし、不動産業界においてはそのような考え方は逆効果となることがあります。**なぜなら、仲介業者は不動産情報を教えてくれる重要なパートナーだという考え方をもたない限り、いい物件情報を得るのが難しくなるからです。

**それがいい悪いということではなく、一般の業界とは異なる独特な業界なのだということをまずは皆さん自身で知って、受け入れることが不動産投資を始めるにあたって非常に重要だということを覚えておいてください。**

### ◉ 仲介業者から優良物件を紹介してもらう秘訣とは

このように不動産業界のヒエラルキーを考えると、買主は一番弱い立場にあることがわかります。そのため、仲介業者から優良な物件情報をどのように紹介してもらうか、あるいは紹介してもらった物件に対してどのように銀行から融資を得るかは、一筋縄ではいかない面もあります

**ここでのポイントは、「皆さんが銀行や仲介会社から選ばれる立場にならないといけない」ということです。**銀行や仲介会社から見ると、優良物件を買いたいという人はあなた以外にもたくさんいる状態であり、その物件が欲しいとか、その物件に融資をしてほしいと思う人は、例えばあなた以外に10人かもしれないし100人かもしれません。

たくさんいる候補者の中からあなたが選ばれるためには、あなたが選ばれる理由をつくる必要があり、そうでなければ、物件情報も紹介されなければ、融資を得て購入することもできません。

これを解決するためには、**あなた自身の強みを見つけ、自分の属性**

**をしっかりと把握することが必要です。**自分の強みを見つけるには、例えば就職活動をするときに自己分析したと思いますが、同じように自分の強みを見つけて、どのように仲介業者や銀行アピールしたらいいかを考えてみてください。

そして、それらをまとめて自分の強みを１分間で自己紹介できるようにしてください。１分間で自分の強みを話すことができれば、仲介会社や銀行員とコミュニケーションをとった際に、あなたにとっていいパートナーとなってもらえる可能性が高まります。**自分の得意技を明らかにした上で、１分間で自己紹介できるように練習してみましょう（P62.「ワーク２」を参照）。**

セオリー６

## 不動産仲介業者とは何かを理解する

### 1 仲介

**不動産を買う場合、「仲介」で買うのか、「売主」から直接買うのかに大きく分けられます。さらに仲介の場合は「不動産仲介業者」に仲介してもらうことが一般的であり、さらに、不動産仲介業者は、売主の仲介業者である「元付け（もとづけ）業者」と買主の仲介業者である「客付け（きゃくづけ）業者」に分かれます。**

仲介の形態にも「専属専任媒介」「専任媒介」「一般媒介」と３つの取引形態があります。それぞれのいいところ、悪いところを見ていきましょう。

#### ◉ 専属専任媒介

**専属専任媒介では、不動産を売りたいとする依頼者（売主）は、仲介を依頼した業者が見つけた相手方としか契約ができないことになります。自己発見取引、つまり売主が自ら買い手を探してくるというこ**

**とも制限されます。**

Ａ社に頼んでいる場合なら、たとえ友人が「買うよ」と言ってくれても、そのＡ社を経由した仲介をしなければダメだということです。もちろん専属専任媒介といっても、その状況によっては交渉が可能です。

### ◉ 専任媒介

**自分が物件を売りたいとき、「Ａ社にだけ仲介をお願いします」という１社のみに任せる形になります。ただし、Ａ社にだけ依頼したとしても、売主が自分で直接買主を見つけることができます。**他の業者に依頼するのはダメですが、自分で発見した取引は可能です。

自己発見取引も大きな金額を動かすことには代わりなく、買主保護や紛争防止の観点から実際には自分の頼んでいる仲介不動産会社に売買契約等を手伝ってもらうことになるでしょう。その場合は自己発見なので「手数料は売主分はなし」などの交渉ができます。

### ◉ 一般媒介

**必要に応じて複数の業者に仲介を依頼できる形のものを一般媒介といいます。**自分の所有不動産を売りたいという場合はＡ不動産、Ｂ不動産、Ｃ不動産と、いくつでも同時に仲介を依頼することができます。

こうなると業者に有利なのが「専属専任媒介」「専任媒介」「一般媒介」の順になります。逆に売主の立場として見たら、自分の物件を囲い込まれない分、一般媒介、専任媒介、専属専任媒介のほうが有利になります。

**もちろん一般媒介にもデメリットがあります。それは自分のところが、売り物件を専任で扱えないため、一生懸命に売却活動をしてくれない可能性があるからです。**ですから、一般媒介か、それとも専任媒介を考えながら選んでいくことが必要になります。

もう１つの見方ですが、仲介には「元付け業者」と「客付け業者」に分かれることです。これは後ほど図を見ながら確認していきましょう。

### 2 売主

**不動産業者が売主になることがあります。その場合は仲介手数料が不要ですから諸経費が少なく済み、業者の保証が付く場合もあります。**最近では買取再販業者(※14)が中間省略登記(※15)を行っており、このような売主になることが多い傾向にありますが、これも後ほど説明します。

セオリー7

## 「物件が世の中に出回る仕組み」を理解する

### 1 仲介の場合

物件が世の中に出回る仕組みを解説します。次の図（P54）をご覧ください。真ん中にレインズというものがあります。レインズとは、不動産流通機構が不動産業者に出している情報です。

先ほどの専属専任媒介の「売りたい」という売却依頼を受けて、契約を結んでから5日以内、専任媒介契約であれば7日以内に、このレインズに載せて、広く買主を募らなければならないのです。つまり、この図の左側の売主は不動産屋さんAに売却依頼をしました。この依頼された不動産会社Aが、先ほども説明しました「元付け業者」です。

**この元付け業者が何を考えているのかといえば、いい物件情報の売り依頼が来たら、なるべく非公開の状態で自分で買いたいお客さんを見つけたいわけです。そうすると、「売主」と、「買主」の両方から、仲介手数料がもらえます。**これを業界用語で「両手の取引(※16)」といいます。ですから、まずは非公開で両手の客を最初に見つけようとし、顧客利益を無視して、物件情報を囲い込むこともあります。

---

※14　**買取再販業者**（かいとりさいはんぎょうしゃ）：所有者から買取り、買主に再販する不動産会社。
※15　**中間省略登記**（ちゅうかんしょうりゃくとうき）：不動産会社が買取再販の際に名義変更せずに転売する登記。第1契約（第3者のための契約）を不動産会社・売主と行い、第2契約を不動産会社・買主と行い同日決済し、中間の登記を省略すること。
※16　**両手の取引**：売主、買主の双方から売買仲介手数料を得ること。

## 「物件が世の中に出回る仕組み」とは？

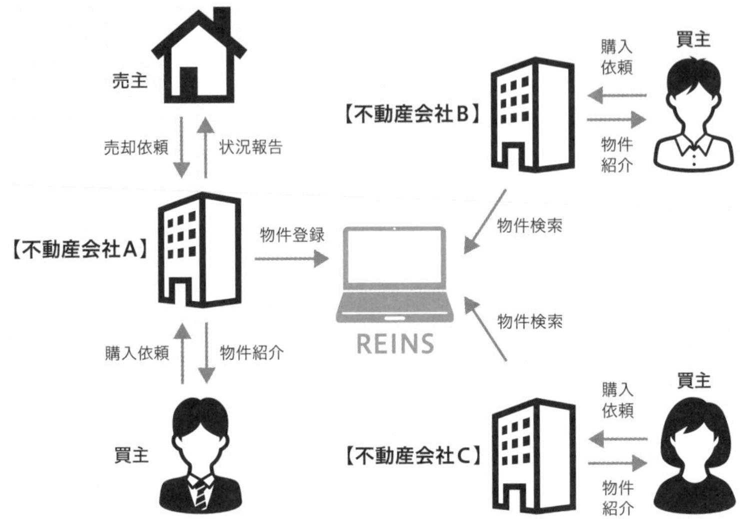


ただし、これが専任媒介を受けていても、７日が過ぎても見つけられなければレインズに載せます。そうすると、「買主」を持っている不動産会社のＢやＣが、レインズを見てお客様を紹介することになります。

この場合は、**不動産会社ＢやＣが「客付け業者」となります。そして「元付け業者」からすると、売主の仲介手数料だけ入り、「客付け業者」からすれば、買主だけの、片方の仲介手数料が入る形になりますので、この場合は「片手の取引(※17)」といういい方をします。**これが一般的な仲介での不動産流通の仕組みです。

この図を見てもわかる通り、売主と繋がっている「元付け業者」と取引するほうが、買主にとっても有利です。直接に売主とお話ができるので、いわゆる値交渉が効きやすいのです。

※17　**片手の取引**：売主、買主どちらか一方から売買仲介手数料を得ること。

## 業者が望む、両手の仲介

### ◆「売主」と「買主」の両方をひとつの不動産業者が仲介する

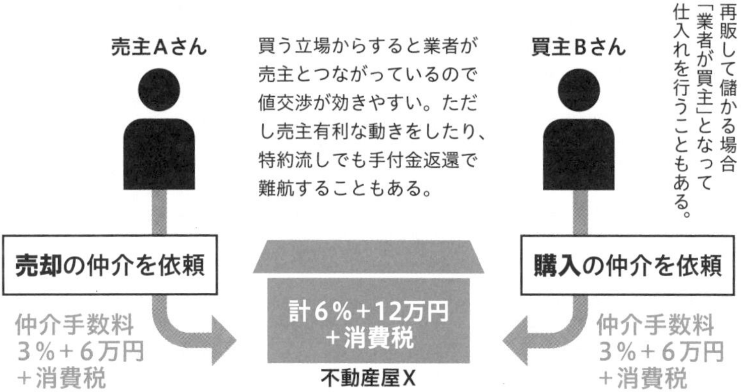


売買価格が安くなっても片手より儲かるから値交渉が効く

## 一番多い形態、分かれの仲介

### ◆「売主」と「買主」の両方に不動産業者が付き顧客利益を守る

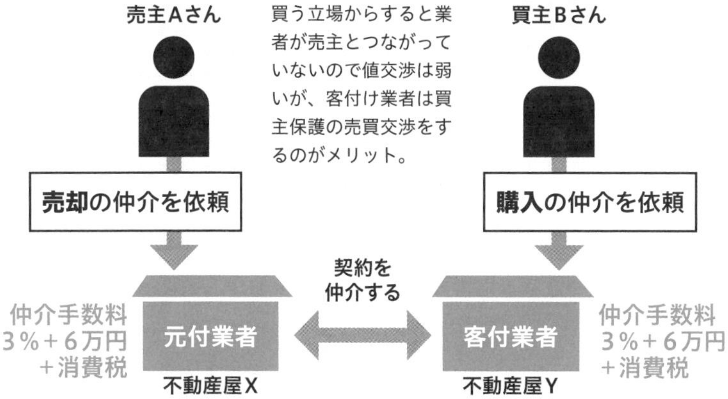

ただし、元付け業者に買付けを入れた場合、自分のエージェントとなる客付け業者がおらず、元付け業者とトラブルになった時は自分で対峙せざるを得ず大変だというデメリットもあります。ですので、不動産投資家のなかには自分のエージェントとしての優秀な仲介業者を通して買付けを入れる人もいます。

## ② 業者が売主の場合

不動産会社A、B、Cのどれにでもありうることですが、**流通の過程で不動産業者が割安と判断したら、その物件を買って直接自分の持っている見込客へ売ることがあります。**

**不動産業者が売主となる理由として、自分が売主になれば利益が取れるからです。**自分たちがアパートやマンションを持っていた場合、できるだけ高く売りたいと考えます。それは不動産業者も同じです。

業者が保有する物件は、なるべく高く売りたい物件なので、極端に割安な物件を見つけるのは難しいでしょう。

### ① 業者が売主になった場合のメリットとデメリット

［**メリット**］ **仲介手数料を物件価格に組み込めます。**フルローンであったとしても仲介手数料分の自己資金が少なくて済みます。業者なので、**契約不適合責任や空室保証などが受けられるメリットがあります。**これにより手元のキャッシュが増える、業者が融資を取りまとめてくれるメリットもあります。

［**デメリット**］プロの業者に対して一般のサラリーマンなどの買主を「エンド」と言うことがあります。業者がエンドをカモにする場合もあります。**実態にそぐわない物件を高値掴みさせられたり、客付けが難しい絶望的な物件にサブリースや家賃保証を付けたりすることで、エンドを安心させて買わせることがあります。**家賃保証などを当てにせ

ず、しっかりと満室運営できるか調査をしてから買うことが大切です。

## ② 中間省略登記の仕組み

本来ならば不動産業者は、自分で物件を買ったら自分の名義にしてから売るのが一般的なスタイルです。しかし、**これを自分名義の登記をせずに、エンドに売るような取引形態を「中間省略登記」といいます。**

**また、そのために結ぶ契約のことを「第３者のための契約**(※18)**」といいます。**例えば、不動産会社Ａが、売主から買主に仲介した場合には、両手の取引になります。売主から安く買って買主に高く売ることをしたければ、第３者のための契約を結ぶことになります。

第３者のため契約では、２つの契約を結びます。まず売主と不動産会社Ａが、第１契約を結びます。そして買主と不動産会社Ａが第２契約を結びます。

第１契約　売主（登記名義人）・不動産会社Ａ
第２契約　不動産会社Ａ・買主

買主へ売ったときは、業者は売主でもあるのですが、業者は自分が保有している物件を売っているわけではないのです。

**買主から見れば、業者は他人の物件を売っているわけです。**なおかつ第３者のためで、自分のための契約ではありません。そして第１契約を先に結んでおき、売主を探して第２契約を結びます。

第１契約と第２契約の両方とも売主（登録名義人）と不動産業者Ａ、買主の売買契約と決済日が整ったら、この第１契約と第２契約を合わせて一気に同日決済します。ですから銀行では２つの決済が同じ日に

---

※18　**第３者のための契約**：中間省略登記を行う不動産会社と売主が行う契約。

**業者が仲介より儲かる中間省略登記の買取再販**

◆不動産業者が「所有者」から買取り「売主」となり買主に再販する

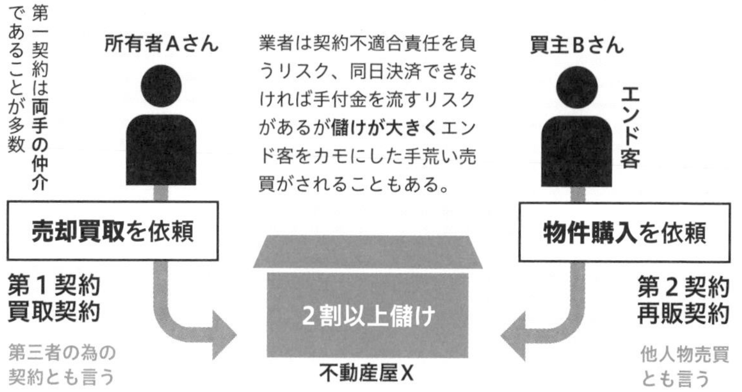


決済時に第1契約と第2契約を**同日行い中間の登記を省略**する。

行われているのです。これを「中間省略登記」というのです。

セオリー 8

## 必ず「現地」を確認する

メンターや仲間の存在や、メンターや仲間の情報や体験を共有することが大事であることをお伝えしましたが、**もう一つ大事な要素としては、その情報や体験が実際に現場を見て実践しているかどうか、ということがあります。**

不動産投資においては、もちろん机上での収支計算や、インターネットを使った調査などである程度の物件の調査を行っていきますが、しっかりと自分で現場を見て調べることも重要です。さらには、いくらメンターや仲間から口頭で良い情報をもらっても、それが実際にイメージ出来なければ情報の価値としては下がってしまうでしょう。不動産は現物資産であり、そこに住む人々や町の状況も時々刻々と変化していますので、実際に現場を訪れてみて自分の目でしっかりと見ることが大事なのです。

**そこで、不動産投資家育成協会が特に推奨し、力を入れている取り組みとして「大家体験会」というものがあります。これは、我々の会員の大家さんが所有し、賃貸経営している物件を見て、現場でマーケティングや賃貸経営を学ぶための実地学習です。**

大家体験会では、その地域に物件を所有する大家さんから直接その物件の購入経緯や、実際の賃貸管理の状況、取り組みなどを具体的に聞くことができるので、まだ物件を持っていない方にとっては「大家の疑似体験」ができ、持った後の状況をある程度イメージすることができるようになります。また、その大家さんがどのように満室となるよう賃貸経営しているのかといった具体的な取り組み内容やノウハウを知ることもできます。

**特に、遠方の物件を所有、管理している場合は、土地勘がなく相場が分からなかったり、地域ごとの慣習の違いなどから有効な管理の仕方がわからないなど、少々賃貸経営の難易度が高くなりますが、そのあたりをうまく対応している大家の物件を見ることで対応の仕方がわかります。**

さらに、すでに物件を持っている経験のある大家さんにとっても、他人の物件を見ることによって自分の物件の改善方法を実際に物件を見ながら学べるので、非常に実践的な学びが得ることができます。しかも、地域ごとの管理会社から最新の賃貸状況やそのエリアの特性、賃貸需要、マーケティングの話など、生の情報を聞けるということも大変価値が高く、本では学べない情報が入手できます。加えて、**賃貸**

**管理が非常に優れている優良な管理会社とのコネクションも直接作ることができるので、もし将来的にそのエリアに物件を持とうとしたときには強い味方になります。**

再度強調して説明しますが、なぜこうした取り組みをやっているかというと、**不動産投資はノウハウだけでは分からずに、実際に自分で体験しないと分からないことが多々あるからです。**実際に現場で大家がどのように取り組んでいるかを見て、大家の疑似体験をすることで、より再現性の高いやり方を身に付けることができます。

**皆さんも単に情報だけで判断するのではなく、現場もしっかりと見て物件購入していくよう心掛けていきましょう。**

ワーク

# ❶ ［目的、目標、実現したいこと］

① あなたが不動産投資を行なう目的を書き出してみましょう。

② 目的を達成するために必要な目標（いつまでに、いくらほしいか）を書き出してみましょう。

＊（①期限を設ける、②数値を入れる、③単位を入れること、を意識してください）

③ もし、不動産投資の目標がかなったとしたら、実現したいことはなんでしょうか？

＊（現在、実現できるかどうかにかかわらず「やりたいこと」を100個以上書き出してみましょう）

ワーク

## ❷ ［1分間自己紹介］

**自分の強みを明らかにしたうえで、不動産業者や銀行に1分間で自己紹介するための原稿を作成しましょう。**

※ポイント

1分間に話せる文字量はゆっくり話す人で300字、早口な人で400字程度といわれています。ですから、300字から400字が目安になります。原稿を用意して作成し、それを繰り返し練習して話せるようにしましょう。

以下は、「自己紹介」の、あくまで文例です。
参考までにご一読ください。

　食品系の大手企業で開発職に従事している○○と申します。勤続歴○年目で、現在は○○在住ですが、大学生時代４年間は△△に住んでいました。 A

　△△が好きで、年２桁は△△に行っており、未だ△△在住の人とも交流がある事から、土地勘や人の繋がりのある△△県をターゲットとし、一棟アパートを購入したいと考えています。 B

　不動産投資を行おうと思った理由は、現状の働き方や給与に疑問を抱いており、且つ、人生をより楽しむ為には、時間とお金の余裕が必要と考え、どちらも改善する為には不動産投資が最適と感じたからです。 C

　目標は、○○年以内に月々◎◎万円超の収入を得る事です。 D

A：自己紹介です。現在の職業やこれまでの経歴は、自身の「属性」としてアピールしましょう。
B：不動産投資をする希望として具体的な地域名、物件の種類などを織り交ぜます。
C：いわゆる人生観をストレートに、前向きに、語りたいところです。
D：数字としての時間とお金を、自分自身へ明示するつもりで掲げましょう。

　こうしたプレゼンテーション準備が結果的には初心者で未経験者であるけれども不動産投資をはじめてみたい自分自身をイメージから実行する自分へと変えていくための基礎にもなります。

# 第2章

# 不動産投資をはじめる「基礎」3つのステップ

本章では、目的、目標をしっかり定めた上で、その目的、目標を達成するためにはどのような「物件」が自分にはあっているのか、物件を選ぶうえでの不動産投資の基礎となる3つのステップを解説していきます。

# 1 不動産投資をはじめる「基礎」となる3つのステップ

## 本書の構成と11の手順

不動産投資のための「目的の明確化」と「目標設定」が終わったら、次に具体的に不動産投資を始める「基礎」となる「物件選定」「物件探し」「収支計算」の3つのステップに進みます。この章では、「物件選定」「物件探し」「収支計算」のそれぞれのステップを詳しく見ていきます。（なお、全体の流れについては、第1章P32で解説しています。）

不動産投資をはじめる基礎

# 2 物件選定

## 例えば女性のみなさん、結婚するならどんなタイプがいいですか？

結婚というと自分の年齢が気になるところですが、ここではそれはさておき、次の３タイプの人と結婚できるとしたら、皆さんは誰と結婚したいかを直感的に「この人がいい！」と思う人を選んでみてください。

27歳のイケメンのフリーター

49歳の年収1000万円のサラリーマン

58歳で年収2000万円の会社経営者

## 今度は男性のみなさん
## あなただったらどの女性を結婚相手に選ぶでしょうか?

25歳　ちょっとわがままな美人OL

33歳　年収1000万の女医

44歳　年収2000万の女性経営者

女性にとっても、男性にとっても、結婚相手を誰にするかは重要な問題です。しかし、理想を追い求める余り、現実を見失うということはよくあります。不動産投資の物件選定も結婚相手を選ぶことと似ている部分があります。すなわち、自分の不動産投資の目的と目標としっかり向き合って、そこから答えを導き出すしかありません。

具体的な物件選定の選択肢として、中古がいいのか新築がいいのか、さらに、中古にも築浅と築古があります。構造は鉄骨・木造・RC造のどれを選ぶのか。毎月のキャッシュフロー(※19)はどれくらい必要なのか。１棟マンションにするのか、それもアパートか、区分がいいのか、などという選択が出てきます。

## 物件選定の決め方

具体的に物件設定に当たっては以下の手順で進めていきます。

### ①対象となる不動産の範囲を知る
### ②対象物件のメリットとデメリットを知る
### ③銀行（金融機関）の種類と特徴を知る
### ④銀行融資と「属性」の関係性を知る

それでは各項目ごとに詳しくみていきましょう。

※19　**キャッシュフロー**：満室想定賃料－（ローンの支払い＋経費）＝キャッシュフロー。

## ❶ 対象となる不動産の範囲を知る

**投資対象**

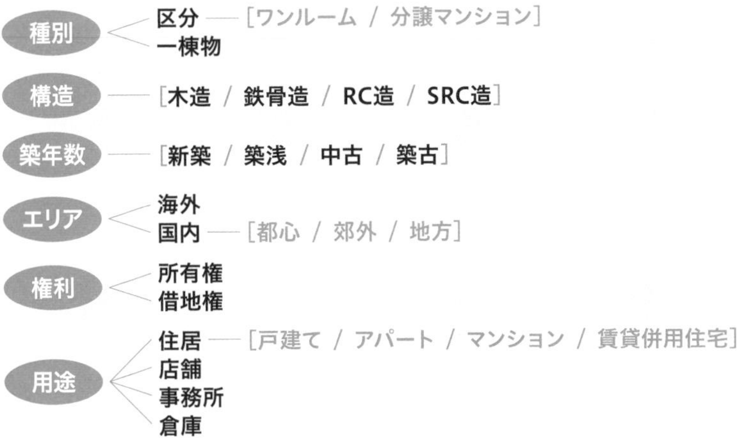


一口に不動産投資といっても、その投資対象となる不動産は多種多様にわたります。例えば種別、構造、築年数、エリア、権利、用途などに分類できますので、それぞれ確認しておきましょう。

**種 別**　不動産の種別とは、その有形的利用及び権利関係の態様に応じて区分される不動産の「分類」のことをいい、一棟物、区分に分けられます。区分は、単身者向けのワンルームマンションやファミリー向けの分譲マンションなどに分かれます。

**構 造**　構造は、建物の主たる部分の構成材料により、木造、鉄骨造、RC造、SRC造などがあります。

Reinforced-Concrete（補強されたコンクリート）の頭文字からRC構造またはRC造と略される。SRC造は、鉄骨鉄筋コンクリート造（Steel Reinforced Concrete Construction）の略で、RC造に鉄骨造（Steel）が入っている。

**築年数** 築年数とは、建物が完成した後の経過年数のことであり、新築、築浅（ちくあさ／築10年以内)、中古（築10年～30年程度)、築古（ちくふる／築30年以上）などに分類されます。

**エリア** エリアとは物件が所在する地域のことであり、広く見ると、日本国内なのか、それとも海外なのか、国内でも都心、郊外、地方なのかといった選択肢があります。

**権　利** 権利とは、土地及び建物の所有及び利用の権限ことであり、所有権と借地権などがあります。

**用　途** 用途とは、建築物の主要な使い道のことをいい、住居、店舗、事務所、倉庫などに分類できます。さらに住居は、戸建、アパート、マンション、賃貸併用住宅などに細分されます。

「種別」「構造」「築年数」「エリア」の各項目に関しては、不動産投資の目的・目標によってメリット、デメリットが異なってきます。それらを十分に検討したうえで選択する必要があります。

## ❷ 対象物件のメリットとデメリットを知る

どんな物件でも必ず、メリット、デメリットがあります。さらにそのメリット、デメリットは、人によって異なります。

ここでは、【1】区分と一棟物の比較、【2】その他の物件の比較、【3】築年数、【4】構造、【5】エリアから不動産投資の対象となる物件へのアプローチをします。

【1】から【5】に関して次のような比較対象のメリット・デメリットを比較することで、どの物件に投資すべきかの判断基準になります。

【1】区分と一棟物の比較
【2】その他の物件の比較
【3】築年数：中古と新築の比較
【4】構造：木造とRC造の比較
【5】エリア：都心と地方の比較

### 【1】 区分と一棟物の比較

はじめての不動産投資用の物件としては、一般的に単身用の区分マンションや、もしくは一棟物が多いので、まずはこの2つを比較してその特徴をみていきましょう。ちなみにここでの「区分」とはマンションなどの建物の中の一室（専有部分という）を所有することです。「一棟物」とはアパート

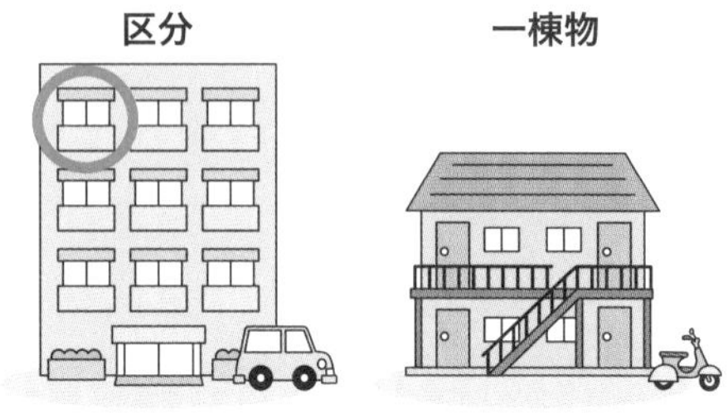

やマンションなどの建物とその敷地をいいます。

## ■■■ 区分

メリット
「区分」の不動産投資は、少額の資金からスタートできます。その後、物件を複数所有していくことができれば、空室リスクも分散できます。

デメリット
区分のワンルームマンションは、最も取り組みやすい不動産投資のひとつです。ただし、１室だけの所有の場合、入居者が決まれば入居率は100％になりますが、退去によって空室となれば、たちまち入居率が０％に下がってしまうことが一番のリスクです。また毎月の管理組合への管理費や修繕積立金の支払いなどがあります。これは空室となって家賃収入がなくなった場合でも、オーナー負担となります。結果的には、出費は高くなるので、投資の実質的な利回りは低くなります。

### 【１】 種別：区分と一棟物の比較

| | 区分 | 一棟物 |
|---|---|---|
| メリット | ・**少額の資金**から始められる。<br>・複数補保有が出来れば**リスク分散**。<br>・手間がかからない（管理面）。 | ・土地の所有権がある（将来、単独で建替えができる）。<br>・自分の意思で大規模修繕などの**バリューアップ**ができる。<br>・一気に規模を拡大できる。 |
| デメリット | ・経費率が高い（管理費・修繕費積立金）。<br>・一室の場合、稼働率が０％か100％。<br>・損保評価が評価が低く、借入限度がすぐに来る。<br>・一気に規模を拡大できない。<br>・自分の意思だけでは大規模修繕、建替えなどできない。 | ・区分に比べると初期の資金が必要。<br>・**多額の建物修繕費・改修費**がかかる場合がある。<br>・**リスク集中**（地震等の災害や事件、事故、工場の撤退などによる賃貸需要の急速な悪化）。 |

## ■■■ 一棟物

メリット

一棟物のメリットは、バリューアップ（不動産価値を上げること）ができることです。区分のマンションなどでは管理組合があるため、自分が望んでも思うようにならないことも多々ありますが、一棟物の場合、入居条件の再設定や見直し、あるいは大規模な修繕などで新たな不動産価値を生み出すことにつながります。一棟物のアパートやマンションでの不動産投資が軌道に乗れば、二棟目、三棟目と規模を拡大できるケースはよくあります。

デメリット

区分に比べると、初期の自己資金が高額で大きくなります。入居世帯数が多ければ多いほど収益も期待できるわけですが、その反面、物件としての管理上のリスク、トラブル、アクシデントも比例して増え、危機管理意識も求められます。設備の故障への対応、共有スペースなどの管理など、管理会社に対応処置させるにしても結果的にはオーナーの判断と責任が大きくなります。

### 【２】 その他の物件の比較

不動産投資用の物件として他に候補になるものがあります。それは、賃貸併用住宅、ファミリー向け分譲マンション、戸建です。

## ■■■ 賃貸併用住宅

メリット

賃貸併用住宅の場合、自宅の占める割合が建物面積の51％以上あり、残り49％以下を賃貸住宅として貸すのであれば、住宅ローンを使えます。もし住宅ローンが使えれば家賃収入を自宅のローン返済にあてることもできます。

デメリット

賃貸併用住宅の中古物件は、探そうにも、不動産投資用サイトにも「賃貸併用住宅」という検索項目がないため、対象となる物件自体、ほとんどない状況です。

## ファミリー向け分譲マンション

メリット

ファミリー向けの分譲マンションで、オーナーチェンジのような、既に賃貸をしている物件であれば、売出し価格を利回り計算して決めることが多いです。オーナーチェンジとは賃貸物件の所有者（オーナー）が入居者が入ったままの状態で、その物件を売却または購入することです。この場合、売り出し価格が、実勢価格より割安の場合があります。オーナーチェンジ物件が空き室になった場合に、マイホームとして購入する層に販売すれば、実勢価格での取引ができるので購入価格より高くなる可能性があります。マイホームとして購入する人は、住宅ローンを使って買うことになりますから、月々の支払いが安く抑えられます。

賃貸している間の退去可能性も単身より低いです。単身の場合、住んでいる環境の変化や今の部屋に飽きると、すぐにでも退去してしまうのですが、ファミリータイプであれば家族の通勤や通学の問題等、複数の合意が必要になってきます。よって、短期ではなく長期になる可能性が高くなります。

デメリット

単身用より面積が広いうえ、購入者自身が住むことが目的の場合が多いので価格が高くなります。またファミリー向け分譲マンションを賃貸に出す理由としては、投資目的よりも、転勤による転居などで賃貸に出している場合が多いため、オーナーチェンジ物件の数が単身用より少ない傾向があります。また、管理組合に納める管理費や修繕積立金がありますので、経費率も高くなる傾向があります。融資が継続的につきにくくなり、物件数を増やしにくいです。

## ■■■ 戸建

メリット

戸建は、価格的に抑える必要があるので、エリアが市街地から離れる場合が多いですが、その分、土地値以下で購入できる場合があります。土地があるため融資もつきやすいです。複数所有すればリスク分散になります。ボロ戸建を安く購入して、リノベーションしてよみがえらせ、賃貸する方法もあります。戸建は土地建物ともに賃貸するため、廊下や階段等の共用部がありません。庭の掃除や手入れなども入居者が対応するので、定期清掃などの経費がかかりません。また、ファミリー物件がほとんどで、子育て世帯は音の心配も少ないので、長期入居につながりやすいです。

### 【2】 その他の物件の比較

| | 賃貸併用住宅 | 区分ファミリー | （築古）戸建 |
|---|---|---|---|
| メリット | ・自宅割合が過半であれば住宅ローンで借り入れできる可能性有り。<br>・**家賃収入を自宅のローン返済**に充てられる（ローン返済≦家賃の場合有り）。 | ・**オーナーチェンジ物件**の場合、収益還元計算での売出価格が空室での取引事例価格より割安の場合がある。<br>・入居者が退室⇒空室で実需要として売却可能（キャピタルゲインの可能性有り）。 | ・少額の資金から始められる。<br>・複数保有できれば**リスク分散**。<br>・手間がかからない（管理面）。<br>・入居者の入居期間が長期傾向。<br>・**経費率**が低い。<br>・**高利回り**を狙える。 |
| デメリット | ・土地購入からだと難易度が高い（容積率等、立地条件）。<br>・自分で住むとなると、環境面や家族の意見に配慮する必要がある。<br>・中古の場合は、物件が少ない。 | ・売り物件が少ない。<br>・経費率が高い（管理費・修繕積立金）。 | ・貸す前に、大規模なリフォームが必要な場合が多い。<br>・賃料相場の把握がしづらい。<br>・一気に規模を拡大できない。<br>・借入できる金融機関が限定的。<br>・１戸の場合、**稼働率**が０％か100％。 |

デメリット　戸建は当該土地に一世帯のみの住宅ですので、価格が高くなりがちです。したがって、都心部や駅近に戸建賃貸をすることは難しく、立地的には車移動が前提となります。また、貸す前に大がかりなリフォームが必要となるケースもあります。しかも１世帯しかないのに、外装内装全体工事となると、リフォーム費用もかかります。また、一戸ずつの購入となりますので、規模を拡大しにくいです。借り入れのできる金融機関も、アパートローンのような商品がなく限定的になってきます。稼働率が０％か100％のどちらかになります。

## 【３】築年数：中古と新築の比較

物件の築年数から不動産投資のメリット・デメリットを見てみましょう。新築がいいのか、それとも中古いいのか。比較してみましょう。

## ■■■ 中古物件

メリット　中古物件は、同じような立地や建築条件であれば新築よりその価格は安くなります。仮に新築物件と同程度の賃料収入が見込めればその利回りは高くなります。

デメリット　法定耐用年数の残存期間が短いため、融資が付きにくくなります。維持管理費、リフォーム費用がかさめば、競争力が弱くなって入居募集がしづらくなる可能性があることも懸案事項となります。

## ■■■ 新築物件

メリット

金融機関は法定耐用年数を基準に融資をしますから、法定耐用年数の残存期間が長ければ長いほど、融資期間も長く引きやすくはなります。

長期の融資では、毎月の支払金額を低く抑えることができます。とりわけ日本人は新築が大好きですので、新築時の賃料は「新築プレミアム」といわれ、相場より高額な家賃が期待できます。そのため新築は家賃を高めに設定しやすいのです。

### 【3】 築年数：中古と新築の比較

| | 中古 | 新築 |
| --- | --- | --- |
| メリット | ・価格が新築に比べると安い＝利回りが高い。<br>・１年当たりの減価償却費を大きく出来る可能性があり、その場合、**キャッシュフロー**が良くなる。 | ・法定耐用年数の残存期間が長いため、融資期間が長くひける。<br>・新築時は**賃料にプレミアム**が乗って高家賃が期待できる。<br>・**入居募集**しやすい。<br>・当面、修繕維持費がほとんどかからない。<br>・自分で建築する場合は自由に工夫できる。<br>・**売却**しやすい。 |
| デメリット | ・法定耐用年数の残存期間が短いため、融資がつきづらい。<br>・修繕維持費、**リフォーム費用**がかさむ可能性がある。<br>・競争力が弱くなり、入居募集がしづらくなる可能性がある。 | ・価格が中古と比べると高い＝**利回りが低い。**<br>・土地から買って建物を新築する場合、土地購入、建物建築、入居まで、キャッシュフローがマイナスになる。<br>・新築の場合、完成までに建築リスクあり。 |

入居募集も容易で、また新築であれば当面は修繕の費用がほとんどかかりません。たとえ、設備故障が起こっても保証が付いています。また、大家自身が設計から関われば、デザインも自由に工夫ができます。

デメリット　価格が中古に比べると高いため、利回りが低くなりがちです。土地から買って新築を建てる場合は、土地購入から建物建築そして入居まで、キャッシュフローがマイナスになります。その期間が長くなるほど資金繰りが重要になります。新築の場合は、完成するまで何が起こるのか分からないリスクも含んでいます。

## 【4】 構造：木造とRC造の比較

構造には、木造・鉄骨造・鉄筋コンクリート造があります。

鉄筋コンクリート造は略して「RC造」と呼ばれています。構造的に、鉄骨造は木造とRC 造の中間に位置します。不動産投資の視点から比較をしてみましょう。木造とRC造の比較をする前にまず知っておきたいことは「法定耐用年数」です。

### ◎法定耐用年数と減価償却費――［知っておきたい基礎知識］

**木造なら22年、RC 造は47年。**

住居やアパート、マンションなどの建築物には「法定耐用年数」というものがあります。構造によって耐用年数が違ってきます。例えば、木造なら22年、RC 造は47年です。

仮に同じ値段で1000万円の新築木造を買うのと、1000万円の新築RC造を買うのでは、木造の場合は22年で、RC造の場合なら47年で割るので、木造の減価償却費約45万円よりもRC造の１年あたりの減価償却費約21万円は半額以下になります。よって、木造の方が「減価

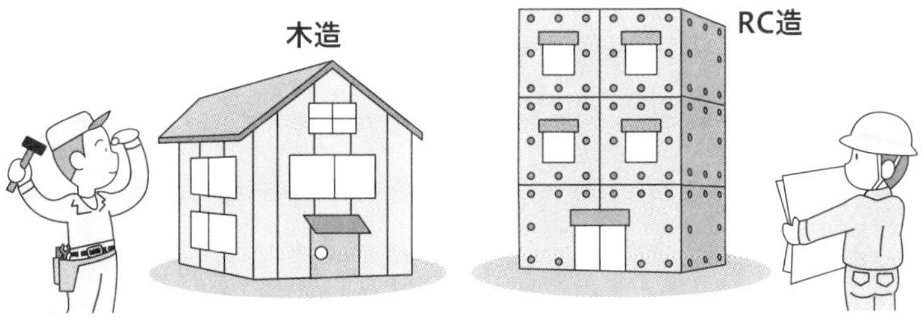

償却費は大きい」ことになります。ゆえに築年数というのは減価償却費の計算に大きく関わってくるわけです。

## ■■■ 木造物件

メリット

木造建築の物件は、建築費・管理費・維持費が相対的に低くおさえることができます。

デメリット

物件には「グレード感」というのがあります。グレード感とは、高級感、高そうに見える、価値を感じるといったものです。グレード感が高ければそこに住んでみたい、入居希望者が集まりやすい、家賃収入が安定しやすくなることです。したがって木造の場合にはグレード感を補う対策が必要となります。

また、法定耐用年数が短いため、築10年の中古物件であれば、残存年数が法定耐用年数の22年から引いた残り12年になってしまいます。金融機関はこの残存年数を融資期間とするところが多いので、長い融資が受けにくくなります。ちなみに、建造物は、出来上がったときから経年劣化してゆくため、築年数を重ねる毎に価値はじわじわと下がっていきます。なお木造は、耐震・防火・遮音の性能がRC造よりも低いです。

## ■■■ RC造物件

メリット

建物の耐久性と耐震・防火・遮音の性能が木造よりも優れています。法定耐用年数は47年と長いため、融資期間も長く受けやすいです。融資期間が長ければ1年あたりの返済金額が少なくて済みますので、キャッシュフロー（投資に必要な資金と、そこから得られる収益。現金の収入と支出）にも良い要素となります。

また建物の構造が頑丈なので高層建築が可能となります。そのため、不動産投資の規模を拡大させることを見据えるのなら、一つの選択肢になるはずです。木造なら３階建が一般的ですが、RC 造になると15階建ても可能になり、大きな世帯数を得られます。外観も木造と比べてグレード感が高いのもメリットのひとつです。

**デメリット**　法定耐用年数が長く１年あたりの減価償却費が低くなります。経費が少なくなるため、税金面の対策もしっかり行わなければならないというデメリットがあります。

また、建物が高品質であればあるほど、管理・維持費も高くなっていきます。例えばエレベーターが設置されていると、定期点検費用等などの安全管理のコストも加わります。建物評価額が木造よりも高いので固定資産税と都市計画税も高めです。

### 【4】 構造：木造とRC造の比較

| | 木造 | RC造 |
|---|---|---|
| メリット | ・建築費や**価格帯**がRCに比べると**安い**。<br>・法定耐用年数が短いため、１年当たりの**減価償却費**を大きく取れる。<br>・**管理・維持費**が相対的に安い。 | ・建物の耐久性（耐震性、防火性、遮音性能等）が高い。<br>・法定耐用年数が長いため、**融資期間が長くひける**。<br>・一気に規模を拡大できる。木造に比べ**グレード感**が高い。 |
| デメリット | ・RCに比べてグレード感が低くなりやすい。<br>・法定耐用年数が短いので中古になると融資がつきづらくなる。<br>・耐震性、防火性、遮音性能等がRCよりも低い。 | ・法定耐用年数が長いため、１年当たりの減価償却費が低くなる。<br>・管理、維持費が相対的に高い。<br>・エレベーターがあると更に定期点検費用名等のコストが上がる。<br>・固定資産税、都市計画税が高めになる。<br>・建築費や価格帯が木造に比べると高い。 |

## 【5】 エリア:都心と地方の比較

### ■■■ 都心

メリット

都心は人口が多く人口密度も高い地域です。ゆえに賃貸不動産への需要も、入居希望者も多く、空室も少ないため、必然的に賃料も安定傾向です。

デメリット

不動産投資先として人気があるということはまた同時に競争が激しいということです。物件購入のハードルは高くなり、不動産投資では都心の物件は利回りが低くなる傾向もあります。

### ■■■ 地方

メリット

物件の価格が都心に比べて安いです。ゆえに利回りが都市部よりは高めになる傾向です。

デメリット

デメリットはすぐに物件を確認できないことです。また土地勘のない場所の場合には、地域性を把握するためにしっかりとしたマーケティングが必要となります。

都心

地方

### 【5】 エリア：都心と地方の比較

| | 都心 | 地方 |
|---|---|---|
| メリット | ・都内居住の場合、すぐに物件を見に行ける。<br>・**賃貸ニーズ**が高い。 | ・**価格が安い**。<br>・**利回りが高い**。 |
| デメリット | ・価格が高い。<br>・**利回りが低い**。<br>・競争が激しく買える**チャンスが少ない**。 | ・都内居住の場合、すぐに物件を見に行けない。<br>・遠隔操作で、管理会社等をコントロールする力が必要。<br>・都内と比べると賃貸ニーズが弱い。 |

## ◉ 物件選定のメリット・デメリット――まとめ比較

不動産投資を初心者が始めるとき、管理が行いやすいという観点で見ると、都市部の新築、もしくは築浅で駅に近く、値段的に安い区分で利回りが安定したものであれば、一般的に投資しやすくなります。

一方で、都市部の居住者が、地方で不動産投資の物件を持つ、ということがあります。例えば、地方の不動産で、築古に加え、駅から遠い物件を保有する場合は、管理運営面で信頼できる管理会社を見つけることが重要になってきます。

この節の冒頭でも申し上げた通り、**どんな投資法であっても必ず、メリット、デメリットがあるということです。もっと言えば、そのメリット、デメリットは、投資する人によって異なるので、その人に合った投資法を選ぶことが重要です。**

## ■ 主な不動産投資の種類と特徴

| 物件種別 | 投資の特徴 | メリット | デメリット |
|---|---|---|---|
| 新築区分マンション | 新築分譲マンションの１室を購入する投資。電話営業による販売が多い。 | 手間がかからない。長期ローンが組める。高額所得者であれば節税効果がある。 | キャッシュフローが出にくい上、赤字経営となることが多い。 |
| 中古区分マンション | 中古の分譲マンションの１室を購入する投資。サラリーマン投資家の入門として人気がある。 | ローンが組みやすい。手間がかからない。金額がさほど高くない。 | 良い物件が見つけにくい。首都圏の単身者向けでは狭小ワンルームが多く競争力がない。キャッシュフローが出にくい。 |
| 新築一棟マンション | 鉄骨やRCの一棟マンションを新築する投資。金額が大きいため地主向きで、サラリーマン投資家には不向き。 | 長期ローンが組めるので、土地があれば良い投資になりやすい。手間がかからない。 | 多額の建築費がかかり、維持にもコストがかかる。完成までに時間がかかる。 |
| 中古一棟マンション | 中古や鉄骨やRC一棟マンションを購入する投資で、レバレッジをかけやすいため、サラリーマン投資家にもっとも人気がある。 | 築年数にもよるが、長期ローンが組みやすい。サラリーマンでも億単位の物件が購入できる。 | 人気があり、良い物件を見つけにくい。銀行評価の高い物件は、固定資産税も高く、建築維持にもコストがかかる。 |
| 新築一棟アパート | 木造アパートを新築する投資。かつては地主の手法だったが、最近、サラリーマン投資家の注目を集めている。 | 長期ローンが組みやすい。手間がかからない。鉄骨やRCに比べて建築費、維持費も安い。安定した家賃収入が見込める。 | 人気があり、良い物件を見つけにくい。土地から取得する場合は知識が必要。完成するまでに時間がかかる。 |
| 中古一棟アパート | 中古の一棟アパートを購入する投資。こちらもサラリーマンに根強い人気がある。 | 比較的高利回り物件が見つけやすい。小規模から始められる。 | ローンが組みにくい。中古なので修繕費がかかりやすい。レバレッジがかけにくい。 |
| 中古戸建 | 金額や安いので属性の低いサラリーマン（収入が低い・非正規社員など）や主婦にも人気。 | 金額が安いため、現金購入も可能。共用部がなく、管理の手間やコストがかからない。 | ローンが組みにくい。中古なので修繕費がかかりやすい。レバレッジがかけにくい。 |

出典：老後破産したくなければいますぐ「都市型新築アパート」に投資しなさい（長岐隆弘）

## ❸ 銀行（金融機関）の種類と特徴を知る

あなたの投資目標に合った物件を選ぶ目安ができたあとは、その物件を買うためにはどうしたらいいのでしょうか？

自己資金では賄いきれないケースをどうクリアしていくのか？

その場合には、銀行などの金融機関から購入資金を資金調達する必要があります。

ここでは銀行の種類と特徴についてみていきましょう。それらは主に、都市銀行・地方銀行・信用金庫・信用組合・ノンバンク、それと国の機関である日本政策金融公庫に大きく分けられます。

下記の表の数値や金額はあくまで参考となります。実際にこれらの金融機関から融資を受ける場合は、それぞれの金融機関への問い合わせと交渉が必要になってきます。

| | エリア | 金利 | 融資期間 |
|---|---|---|---|
| 都市銀行 | 全国 | 0.4～1.5％ | 耐用年数内 |
| 地方銀行 | 県内、隣接県 | 1.0～2.5％ | 耐用年数内が多い |
| 信用金庫・信用組合 | 県内（一部） | 1.5～3.0％ | 耐用年数超が可 |
| ノンバンク | 全国 | 2.0～4.0％ | 耐用年数超が可 |
| 日本政策金融公庫 | 全国 | 0.9～2.3％ | 10年が基本 |

### ◉都市銀行

不動産投資向けの融資の審査は、全国の物件に対応しています。また、金利は低めですが、その分、融資審査基準は厳しくなります。融資申入れに対しての物件審査や返済計画の審査は個人向け住宅ローンの審査とは違います。

### ◉地方銀行

不動産投資向け審査対象とするエリアは、その地銀の営業範囲となるのが一般的です。自分の居住地がその金融機関の営業範囲内にあるときは選択肢の一つとしてみるのはよいと思います。

### ◉信用金庫・信用組合

地元地域に密着した金融機関として信用金庫や信用組合があります。不動産投資を検討する場合は、地元情報を最も持つ金融機関として、地元の不動産所有者とつながりがある物件などであれば、融資の相談をする価値はあります。中には、法定耐用年数を超えて融資してくれる金融機関もあります。

### ◉ノンバンク

ノンバンクとは、具体的には、消費者金融、クレジット会社、信販会社、リース会社、ファイナンス会社などで、銀行以外で与信業務を行う機関です。預金業務を行わず、銀行からの融資などによって調達した資金で与信業務を行います。銀行は免許制であるのに対し、ノンバンクは貸金業規制法に基づく登録制です。最近では都市銀行を母体に持つメガバンクとの提携等を通じた再編などもあり、融資審査の基準や条件などは他の金融機関と比較して取り組みやすいケースもあるので、検討すると良いでしょう。

### ◉日本政策金融公庫

政府系の金融機関で全国に対応しています。ただし融資期間が短く、10年が基本で最大20年以内となりますが、15年超の期間は難しいうえ、金利も上がります。仮に、年収は低め、自己資金も少なめの場合、融資期間が短いぶん、キャッシュフローが出にくいというデメリットがあります。それでも一般の銀行では融資できない築古物件などで融資を受けられれば、日本政策金融公庫も利用価値のある金融機関となります。

## ❹ 銀行融資と「属性」の関係性を知る

**銀行は融資審査をする際に何を見ているのかといえば、あなたの「属性」と物件の「担保評価」を見ています。**物件の担保評価については、後で詳しく見ていきますので、ここではあなたの「属性」について解説します。

**属性とは、年齢、勤務先、年収、自己資金（預金）、また、現金以外の金融資産（株、保険解約金、外国為替、国債）、所有不動産などの情報のことです。**場合によっては親族の資産も考慮される場合もあります。さらには、個人なのか、それとも法人なのか。法人で融資打診をする場合は年商や所得、純資産がどれくらいあるのかが問われます。

**金融機関の審査に対しては、包み隠さず全てを情報提供することが大切です。**職業・年収・家族構成・資産背景など、自分のものはもちろん、できれば家族にも協力をしてもらいます。とりわけ親が資産になるようなものを持っていれば、それも資産として評価されます。包み隠さずに出せば、融資へのプラスになる可能性もあります。

### ◉プロパーローンとアパートローン

**プロパーローンとは、「事業性融資」と呼ばれる融資です。**借り手となる事業者や個人の財務資料や状況などを総合的に判断して融資の審査がなされます。借り手の財務内容、取引状況、不動産の収益や資産状況などが総合的に考慮されたうえで相対的に金利を決めて融資する方式です。

一方、**アパートローンとは「消費性融資」と呼ばれる融資です。**金融機関が金融商品のひとつとして用意するもので、あらかじめ金利は決められています。住宅ローンと同じ個人ローンとして扱う金融機関もあります。アパートローンは、金融機関全般にあるわけではありません。

不動産投資をはじめる基礎

# 3 物件探し

物件選定条件が決まったら、次は物件探しです。

この物件探しで欠かせないのがWebでの「検索」による情報収集と選別です。心得ておきたいことは、毎日30分でもいいから習慣化することです。ニュースを見る感覚で物件情報を見るのです。

**おすすめ物件検索サイト**

1．楽待
https://www.rakumachi.jp/

2．健美家
https://www.kenbiya.com

## ❶ 物件検索の環境整備

物件検索にあたっては、投資用不動産情報をまとめたポータルサイトがあるので、それを活用するのがいいでしょう。有名なところでは『楽待』『健美家』というサイトがあります。また、物件検索をするにあたって環境を整える必要があります。ポイントは次の5つです。

### 1 不動産投資専用のメールアドレスを取得する

物件情報をメールでもらう場合にもプライベートのアドレスとは分けて専用のアドレスをつくるといいでしょう。

### 2 ポータルサイトで会員登録する

希望する物件情報をメールで配信してもらえるサービスが利用できます。

### 3 不動産業者のメールマガジンで情報収集する

投資用不動産を専門に扱っている不動産業者の配信するメールマガジンが各種あります。これもメールで物件情報が得られるので登録するといいでしょう。

### 4 パソコン、スマホのブックマークやフォルダを作成する

よく使うポータルサイトや不動産用のサイトをブックマークし、資料を保管するフォルダを作成しておくとよいでしょう。情報を一元管理することによって、なかには、スマホだけで物件の検索から買い付けまでやっている人もいます。

### 5 仲間と情報交換しあえる環境を整える

仲間でLINE のグループをつくったり、Facebookのメッセンジャーを活用したりするのをおすすめします。このようなSNSでつながることによっていち早く情報のやりとりをできるというメリットがあります。また即時フィードバックをしてもらえる環境を手に入れることで、すばやく物件選定ができるというメリットもあります。

## ❷ 資料請求

不動産投資を目的とした「物件検索」を進めていくなかで、この物件はもっと詳しく知りたいと思うものがあれば、次は「資料請求(※20)」です。

請求先は、Webでの検索であれば通常資料請求先や連絡先が明記されていますので、そこへ連絡を入れることになります。

資料請求をする頻度の目安としては、物件検索でピックアップしたなかから週3件ぐらいに絞り込んでみましょう。

資料請求した物件資料ですが、業界用語では「販売図面(※21)」といいます。**販売図面とは、物件の概要、間取り図、地図などをまとめた資料の通称です。**売買物件、賃貸物件ともにあります。

販売図面に記載されている項目を「参考資料」を例に１つ１つ確認していきましょう。

### ◉「販売図面」の記載項目とその内容

□ 種類――この場合は一棟物でマンションタイプの物件になります。「種類」は「類型」とされる資料もあります。

□ 物件名――マンションの物件名です。

□ 所在地――「住居表示」と「地番」の２通りの所在地があります。住居表示は地図に表示されているいわゆる住所です。地番は土地建物の登記簿上に記載されている所在地の表記です。通常は住居表示と地番は違う表示になるので注意が必要です。

※20 **資料請求**：物件検索を行った結果、その情報に対して詳細情報を請求すること。
※21 **販売図面**：その物件に関する全体の要点をとりまとめた資料のこと。価格、取引形態、土地建物の所在地、面積、地目、用途地域、構造などが記載されている。

| | | | |
|---|---|---|---|
| 種類 | 一棟マンション | | |
| 物件名 | 〇〇〇〇〇〇 | | |
| 所在地 | 住居表示 | 〇〇県〇〇市〇〇三丁目22-3 | |
| | 地番 | 〇〇県〇〇市〇〇三丁目2202番 | |
| 交通① | 〇〇〇〇バス「駅西合庁前」徒歩3分 | | |
| 交通② | 〇〇〇〇〇線「〇〇〇」徒歩8分 | | |
| 土地 | 権利 | 所有権 | |
| | 地目 | 宅地 | |
| | 地積 | 公募 | 799.36㎡（235.74坪） |
| | | 実測 | |
| | 道路 | 公道　南側　約6m | |
| 建物 | 構造規模 | 鉄骨構陸屋根3階建て | |
| | 築年数 | 昭和63年4月 | |
| | 延べ床面積 | 1072.95㎡（324.56坪） | |
| | 種類 | 共同住宅18戸（2K×1戸　2LDK×4戸　3LDK×13戸） | |
| 公法制限 | 用途地域 | 市街化区域／第一種低層住居地域 | |
| | 建蔽率 | 60% | |
| | 容積率 | 200% | |
| | 防火地域 | | |
| | 高度地区 | | |
| | その他 | | |
| 備考 | 【現状】 家賃収入：897,960円／月額　　18戸中4戸空き<br>【満室想定】家賃収入：13,811,520円／月額<br>敷地内駐車場完備　（16台中8台空き）<br><br>低層ファミリータイプ<br>大型ショッピングモール「アル・プラザ」・合同庁舎まで徒歩3分<br>設備：（電気）〇〇電気　（ガス）プロパンガス　（水道・下水道）公営 | | |
| 想定利回り | 約10.5% | | |
| 価格 | 1億3150万円（税込み）　取引形態：仲介 | | |

□ 交通――物件がどの路線のどの駅から、どれくらいの距離にあるのかの表示です。バス便の場合にはバスの停車場からどのくらいの距離かを表示しています。

## ◉土地

□ 土地の権利――土地の権利としては所有権なのか、借地権なのかを表示しています。借地権の場合は融資が難しくなります。

□ 地目（ちもく）――土地の利用状況による区分のこと。田、畑、宅地、塩田、鉱泉地、池沼、山林、牧場、原野、墓地、境内地、運河用地、水道用地、用悪水路、ため池、堤、井溝、保安林、公衆用道路、公園、雑種地の21種類に区分されています。**登記簿上の地目と、実際の土地の利用状況が必ずしも一致しているとは限らないので注意が必要です。**

□ 地積（ちせき）――地積、すなわち土地の面積には、「**公簿面積**」と「**実測面積**」**の2種類の方法があります。公募面積とは登記簿等に記載されている土地の面積のことで、実測面積とは、測量した土地の面積のことです。**

□ 道路――道路の種類と道路の幅員(※22)、接道(※23)しているかどうかを記載しています。**接道とは幅員が4m以上ある道路に2m以上接しているかどうかです。**4mという基準は、車がすれ違えられるかどうかになります。

## ◉建物

□ 構造――構造は、建物の主たる部分の構成材料により、木造、鉄骨造、RC造、SRC造などがあります。

- 築年数……築年数とは、建物が完成した後の経過年数のことであり、新築か、築浅（築10年以内）、中古（築10年～30年程度）、築古（築30年以上）などに分類されます。
- 延べ床面積（のべゆかめんせき）……**延べ床面積とは、建物の各階の床面積の合計のことをいいます。**㎡表記と坪表記の場合があります。
- 種類……建物の種類とは建物用途のことです。用途とは建築物の

※22　**幅員**（ふくいん）：道路幅のこと。
※23　**接道**（せつどう）：その土地が幅員4mの道路に2m以上接していること。

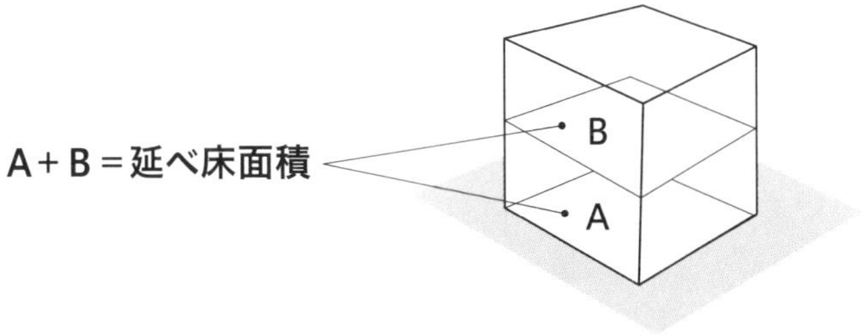


主要な用途のことをいい、住居、店舗、事務所、倉庫などに分類できます。さらに住居は、戸建、共同住宅、賃貸併用住宅などに細分されます。各居室のタイプも確認しましょう。ワンルームなのか、それともファミリータイプなのかをチェックする必要があります。

## ◉公法制限

□ 用途地域（ようとちいき）——用途地域とは、都市計画法の地域地区のひとつで、用途の混在を防ぐことを目的としています。住居、商業、工業など市街地の大枠としての土地利用を定めるもので、第一種低層住居専用地域など12種類があります。

□ 建蔽率（けんぺいりつ）——建蔽率とは、敷地面積に対する建築面積（建坪）の割合のこと（建築基準法第53条）。

□ 容積率（ようせきりつ）——容積率とは、敷地面積に対する建築延

$$\text{建蔽率}(\%) = \frac{\text{建物面積}}{\text{敷地面積}} \times 100$$

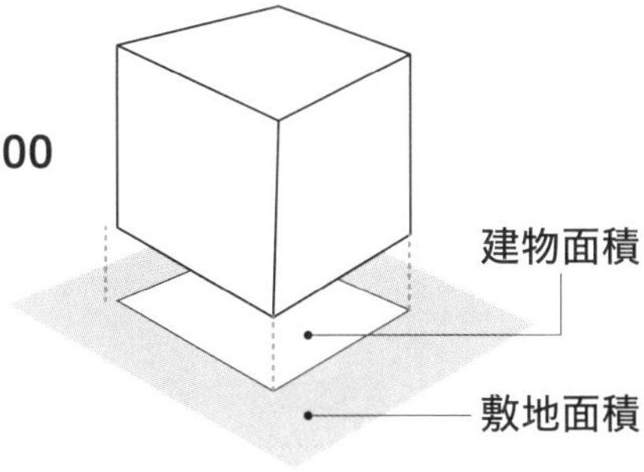

$$容積率(\%) = \frac{延べ床面積}{敷地面積} \times 100$$

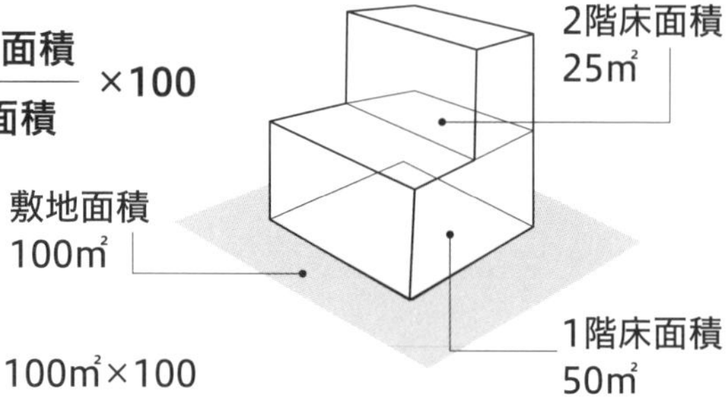


$$75\% = (50㎡ + 25㎡) \div 100㎡ \times 100$$

べ面積（延べ床）の割合のこと（建築基準法第52条）。指定容積率と基準容積率があり、厳しい方の容積率が適用されます。

## ◉備考／想定利回り／価格

□ **賃料**——現在の家賃収入、また満室想定賃料(※24)を確認します。駐車場があれば駐車場の収入、太陽光発電があればその収入も確認します。それらが実際にどのくらいの売上げを上げている物件なのかを見ていきます。

□ **想定利回り**——想定利回りというもので、満室想定の場合の利回りを見ていくことになります。その結果で、今回の物件が購入に値するのかを判断していきます。

□ **価格**——物件の販売価格です。税込表示の場合には、建物価格には消費税が含まれています。土地の場合には消費税は非課税になることに注意。

□ **取引形態**——取引形態は、大きく分けると仲介と売主になります。この仲介も元付けと客付けに分かれます。仲介の形態にも「専属専任媒介」「専任媒介」「一般媒介」と３つの取引形態あります。

※24　**満室想定賃料**：収益物件が満室になった場合の「想定家賃収入」のことを指す。

## ❸ 不動産業者との面談

不動産業界では「千三（せんみつ）」と言われ、物件情報が1000件あって本当にいいのは3件という言葉があります。

「不動産業者との面談」目的は、自分からまず不動産会社へアポイントを取って足を運び、そこで担当者と直接知り合いとなり、さらに自分の目指す「不動産投資」を伝え、信頼関係を高めることで、いい情報をもらえるようになることです。

不動産会社に面会するときに、「1分間自己紹介」を実践することで、こちらも不動産投資に前向きなところをアピールします。

不動産業者との面会を週1件以上行うことをお勧めします。最近はオンラインで面談してくれる業者も多くなっています。

## ❹ 不動産投資で力になってくれる良い不動産業者の見分け方

### ① 連絡がマメな業者

**連絡をマメにしてくれる不動産業者と付き合うことをめざしましょう。**もちろん、こちらからも連絡してよい物件が出た場合はすぐ「動く」という対応も必要です。

### ② ネットワークが広い業者

「ネットワークが広い」とは、人脈的にもいろいろなつながりを持っていることです。例えば、**税理士を知っていたり、司法書士を知っていたり、ネットワークが広い不動産業者のサポートは欠かせないものです。**

### ③ 売主と交渉してくれる業者

サラリーマンが仕事の傍らに物件を購入するのは、思っている以上に慌ただしいものです。**売主との交渉を代行してくれて、それを嫌がらない業者であるかは重要です。**

### ④ 銀行に太いパイプを持っている不動産業者

**銀行に不動産投資の融資の持ち込みを頻繁に行い、融資を成立させている不動産業者は金融機関にも信頼されています。**そういった業者は融資などのアドバイスも的確なものが期待できます。また、多くの金融機関との付き合いをしている業者がいいでしょう。

### ⑤ その他のチェックポイント

◎仲介する物件をよく調べていて、メリットだけでなくデメリットも教えてくれる。
◎想定家賃、必要経費が正確な収支シミュレーションをつくっている。
◎売主とつながりがあり、物件をある程度の期間おさえておける。
◎物件の押し売りを絶対にしない。煽って買付けをいれさせない。
◎売っただけで終わりでなくアフターフォローがしっかりしている。

不動産投資をはじめる基礎

# 4 収支計算

物件の購入を検討する際には収支計算を行います。

収支計算には「積算評価」と「キャッシュフロー計算」があります。

## ❶ 積算評価

積算評価とは、簡単に説明すると、「土地評価額と建物評価額の合計金額」です。

では、「土地評価額」はどのように計算するのでしょうか。

土地は「一物四価」といわれ、実勢価格・公示価格・相続税路線価・固定資産税評価額、という4種類の値段があります。

その中で、金融機関が採用する金額は「相続税路線価」であるため、まずは相続税路線価を知る必要があります。今後は相続税路線価を略して「路線価」と呼びます。

路線価はインターネットで調べることができます。

**「全国地価マップ」（https://www.chikamap.jp/）**から該当する住所を入れて、その面する道路の金額を見ます。

**「全国地価マップ」**

**https://www.chikamap.jp/**

一般的に路線価は、土地の実勢価格の８割の金額になります。
土地評価額は路線価が基準となりますので、土地評価額は、路線価×土地面積で計算されます。

**土地評価額　＝　路線価　×　土地面積**

建物の評価額では、建築単価というものが金融機関ごとに決まっています。その建物単価に延床面積をかけて、減価修正をしたものなります。

**（参考）建築単価**

| 構造 | 建築単価（円/㎡） | 法定耐用年数 | 経済耐用年数 |
|---|---|---|---|
| 木造 | 125,000 | 22年 | 20年 |
| 軽量鉄骨造 | 120,000 | 19年 | 20年 |
| 鉄骨造 | 170,000 | 34年 | 35年 |
| RC造 | 200,000 | 47年 | 40年 |
| SEC造 | 210,000 | 47年 | 40年 |

**建物評価額 ＝ 建築単価 × 延床面積 ×（1 － 減価修正）**

**減価修正　＝　経過年数　÷　法定耐用年数**

建物は古くなれば価値が減っていきます。それゆえ建物の価値は、建築後の経過年数による価値の低下を割引いて、現在の価値を計算します。これを「減価修正」といいます。つまり減価修正とは、建物の法定耐用年数と経過年数からその価値を算出する基礎となるものです。
例えば、RC造は法定耐用年数が47年ですから、建物評価額が4700万円であれば、築後10年たてば、「（経過年数10年÷法定耐用年数47）×建物値段4700万円」となり、10年経てば1000万円が減っていきます。単純計算で、毎年100万円ずつ減っていくことになります。

RC造4700万円の物件であれば、築10年で3700万円になり、47年後にはゼロになるという計算です。

**積算評価を求めるには、次の数値や条件を調べます。**
**①路線価　②面積　③建物構造　④築年数　⑤延床面積**

①路線価――不動産投資の対象となる土地の所在地から全国地価マップで調べます。
②面積――対象となる土地の面積です。
③建物構造――軽量鉄骨造、重量鉄骨造、RC造、木造か確認します。
④築年数――法定耐用年数と残存年数から減価修正の計算の基になります。
⑤延床面積――建物の価格を計算する基になります。

## 積算評価の計算例

積算評価額を計算してみましょう！

**一棟RCマンション**
**経過年数17年　法定耐用年数47年**
**土地面積：945㎡**
**相続税路線価：13万円/㎡**
**建物面積：1,195㎡**
**建築単価：20万円/㎡**

**土地評価額　＝　相続税路線価　×　土地面積**
**　　　　　　＝　13万円/㎡　×　945㎡　＝　1億2,285万円**

**建物評価額　＝　建築単価　×　延床面積　×（1－減価修正）**
**　　　　　　＝　20万円/㎡　×　1,195㎡　×（1－17/47）**
**　　　　　　≒　1億5,255万円**

**積算評価額　＝　土地評価額　＋　建物評価額**
**　　　　　　＝　1億2,285万円　＋　1億5,255万円**
**　　　　　　＝　2億7,540万円**

## ❷ キャッシュフロー計算

物件の収支計算の計算方法として「積算評価」とは別に「キャッシュフロー計算」があります。ここでは基本的なキャッシュフロー計算として、①キャッシュフロー計算と、②キャッシュフロー計算シートについてみていきます。

### キャッシュフローの計算方法

いろいろな計算方法がありますが、ここでは最も基本的な「キャッシュフロー」の計算方法について解説します。

不動産投資では「実際にどれくらいのお金が残るのか」が大事です。**ローン支払いや経費、税金を差し引いた金額をキャッシュフローといいます。**

このローンの返済額を計算ためには、金利条件などを知る必要があります。ローン返済額を知るためには、以下のサイトを活用するといいでしょう。

**・高精度計算サイト：**
**http://keisan.casio.jp/exec/system/1256183644**

また、区分マンションでは、管理費・修繕積立金というものがかかります。管理会社への管理委託費がかかります。あとは、固定資産税・都市計画税、その他、物件の管理維持にかかる費用を引いてキャッシュフローを計算します。

**キャッシュフロー ＝ 賃料 － ローン返済 － 管理費・修繕積立金 － 固都税 － その他経費**

実際に、収支計算をする前に、まず大掴みに表したのが上記の図になります。

家賃から費用を引くとキャッシュフローになります。

費用が大きいと手元に残るお金が少なくなるし、費用が少なければ手元に残るお金が増えて、家賃に近い金額になっていきます。

**毎月のローン返済額と家賃の割合を返済比率といいます。**

**返済比率＝毎月返済額÷家賃**

理想としては、返済比率は50％以下に抑えた方がいいです。家賃と毎月の返済の金額が近づけば近づくほど、返済していくのがきつくなるということです。

空室が出ると、ローン返済額はそのまま赤字になりますので、できれば、返済比率を低くした方がいいということになります。

次に物件の管理を管理会社にお願いすると、管理費がかかります。家賃を回収してもらったり、滞納があれば、入居者に督促したりとか、退去する時の立ち合いなど、そういう細かい仕事も管理費用に含まれます。その管理費の割合は5％ぐらいが一般的になります。

次に修繕費です。エアコンや給湯器などが壊れたとか、インターネットが繋がりにくいとか、日常生活で起こる設備の不具合に対するメンテナンスの費用が修繕費になります。修繕費の割合としては平均すると5%ぐらいになります。マンションの場合は、修繕積立金が毎月積み立てられますので、こちらが修繕費に該当します。一軒家やアパートだと、大規模修繕などは大きい金額になりますので、別途利益の中から積み立てておく必要があります。

最後は、税金になります。税金としては、固定資産税と都市計画税になります。通常は、１年払いか年４回分割払いになります。毎月の平均額として、大体10%ぐらいが目安になります。その他、空室、原状回復費、募集費用、その他費用が発生する場合があります。

## ❸ キャッシュフローの計算例

例えば960万円の物件を頭金を60万円出し、900万円のローンを組んでの購入計画だとします。築16年のRC造物件であれば47年から16年を引くので、ローンの期間は31年です。

ローン金利は、ここでは融資期間31年、金利2.5%としておきます。ワンルームで家賃収入が5万8000円の場合、12カ月で69万6000円です。ローンの月額は3万4791円になるので、年額41万7492円です。管理費・修繕積立金は、1カ月6300円なので7万5600円、固都税（固定資産税・都市計画税）が7万2000円で、家賃収入からこれらを引いたら税引き前のキャッシュフローが年間13万908円です。

ただし、買うときに頭金の60万円と諸経費等で80万円程度かかっていますから、自己資金140万円を回収するためには10年以上かかることになります。

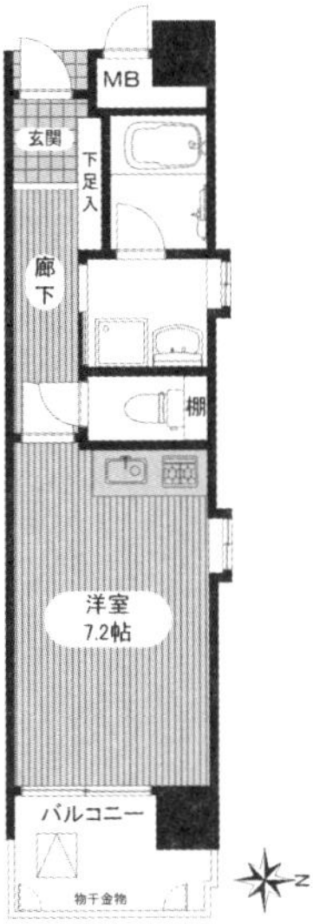


〈物件概要〉
物件種類：区分マンション
物件価格：960万円
経過年数：16年
月額家賃：58,000円
管理費・修繕積立金：6,300円
ローン金額：900万円
ローン金利：2.5%
固定資産税・都市計画税：72,000円/年

・**収入**

家賃収入…　58,000円×12カ月＝696,000円

・**支出**

ローン額…　34,791円×12カ月＝417,492円

管理費、修積金…　6,300円×12カ月＝75,600円

固定資産税・都市計画税…　72,000円/年

◉ 696,000－(417,492＋75,600＋72,000)＝130,908円

## ❹ キャッシュフロー計算シートの使い方

次にキャッシュフロー計算シートについてみていきましょう。①～④に該当する数値や金額をセルの部分に入力するとキャッシュフローを自動的に計算できます。

**① 売値**：物件資料に掲載されている物件の売買価格を入力します。

**② 賃料収入等**：満室想定賃料の月額賃料、共益費、駐車場、その他収入をそれぞれ入力します。

**③ ローン条件**：融資を受ける予定の金融機関の融資金額、融資期間、金利を入力します。借り入れ条件を比較する計算も可能です。

**④ 経費**：購入時の経費、管理の経費を入力します。管理会社にもよりますが、一般的に管理費は３～８％です。それとは別に清掃費や、エレベーターがあれば、エレベーターの点検費用などの経費率を、その物件ごとに算定します。エレベーターのない物件の場合、５％の管理と清掃などを入れると10～12％の経費率になるので、全体の家賃収入からそのぶんの経費を差し引きます。

**⑤ 税引前キャッシュフロー**：満室想定賃料から、「ローンの支払い＋経費」を引いたら、税引前キャッシュフローが出ます。税金の計算はとても重要です。まずは税引前キャッシュフローの金額で、いくらプラスが出るのかを把握するのが重要です。

本書ではこれらの数値を入力することで収支計算を自動計算するソフトの紹介や提供をしています。この自動計算ソフトは読者限定特典として提供しますので活用して下さい。

# 第3章

# 不動産投資のための「全国投資マーケティング®」

本章では、物件探しで見つかった対象物件の見極め方、物件を購入したほうがいいのか、それとも見送ったほうがいいのかのポイントについて、「全国投資マーケティング®」をつかって、詳しく解説していきます。

# 1 不動産投資になぜ「マーケティング」が必要なのか？

第2章で物件選定条件をどのように決めるかを解説しました。

物件購入の指標として、積算評価や、利回り、キャッシュフローなど、様々な切り口があります。その中で何を優先して選ぶべきなのかを決めきれません。もちろん、そのすべてが大切ではありますが、我々が推奨するやり方として**「不動産の賃貸需要が充分見込めるか、結果として満室にできるのか」を重視します。それが「全国投資マーケティング®」なのです。**

不動産業者から送られてくる物件資料には、「レントロール」といわれる入居状況の一覧表がありますが、そこに記載されている家賃は相場と一致しているか、それとも安いのか。既存の入居者が退去した後に、新たに入居者が見つけることができるのか。その際に、退去前の家賃が相場よりも大幅に高く貸していた場合は、次の入居者の家賃は大きく下落することもあります。送られてきた情報をただ鵜呑みにするのではなくて、自身でしっかり調べる必要があります。それをしなければ、不動産投資が失敗する確率が高くなるでしょう。

家賃相場は不動産投資にとっては重要な情報です。しかし、その重要な情報そのものを知ろうとすることには限界があります。なぜなら、その土地に精通しないと家賃相場を正確に把握することはできないからです。

「だから、自分の住んでいる場所の近くや、土地勘のある場所のほうがいいに決まっている」と思うかもしれません。

しかし、そうではないのです。**仮にあなたが住んでいる場所であったり土地勘のある場所であったりしても、その地域の家賃相場を正し**

く把握しているとは限らないからです。むしろ、そのような賃貸市場に精通しているのは、地元の不動産会社に勝るものはないのです。素人がいくら地元の家賃相場を調べたとしても、地元で長く不動産業をやっているプロに情報で上回るのは難しいのです。

そうだとするならば、家賃相場そのものを知ろうとするのではなく、家賃相場の調べ方を知るほうが合理的と言えます。まさに「情報そのものを知ろうとする」のではなく、「情報の調べ方を知る」ことこそが、再現性のある方法なのです。

まさにこの「家賃相場の調べ方」こそが「全国投資マーケティング®」の真骨頂であり、本書におけるコアコンテンツ（心臓部）なのです。

不動産投資のための「全国投資マーケティング®」

# 2 初心者が必ず陥る マーケティングの失敗とは?

一般的には、不動産投資の対象とするエリアとして、居住地の近隣エリアや土地勘のあるところを選択するケースが多いと思います。不動産投資を始めるにあたって、熟知しているエリアで行いたいと考えるのは当然の流れではあります。

しかし、居住地の近くや土地勘のあるところだけを投資対象として絞ってしまうと、物件の選択肢が狭まってしまいます。

**次のレーダーチャート（P112–115）と一覧表（P116–117）をご覧ください。これは当協会が独自調査で各都市の利回り、融資姿勢、賃貸需要のイメージをまとめたものです。**

例えば、東京都在住の人が都内の物件を探していたとしても、地域の物件価格が高すぎる場合には、物件を購入するのが困難になります。

また、名古屋のように利回りがそこまで低くなくても、金融機関の融資が厳しいエリアだと、同様に物件を購入するのが困難になります。

そのためにも、居住地や土地勘のある地域以外にも物件を購入する選択肢を広げる必要があるのです。地域によっては不動産の相場価格や利回りが異なるため、購入しやすいエリアと購入しにくいエリアがあります。

また、東京のように価格は高いけれど、賃貸需要がある地域もありますが、賃貸物件の数が多いエリアでは供給過剰ということで空室率が高い地域もあります。すなわち、**価格が高いからといっても、賃貸需要があるとは言い切れません。賃貸需要は、新規物件の供給数と人口動態に連動しているのです。**

価格と賃貸需要は連動しているエリアもあれば、連動していないエリアもあります。だからこそ、マーケティングをしっかり行って、その物件を買うか否かの判断を行う必要があるのです。

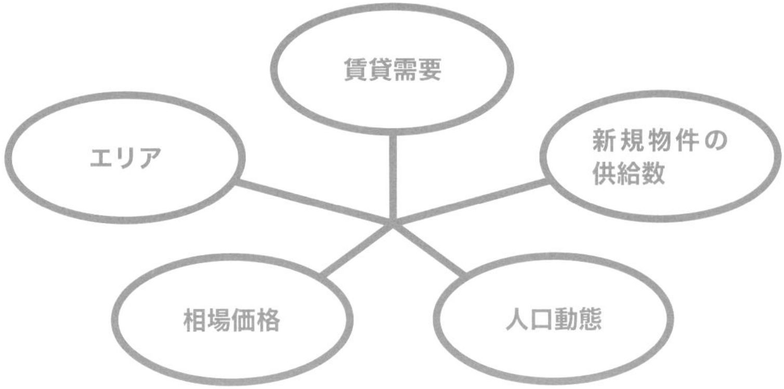

## 各都市のレーダーチャート［1］

### ▼札幌

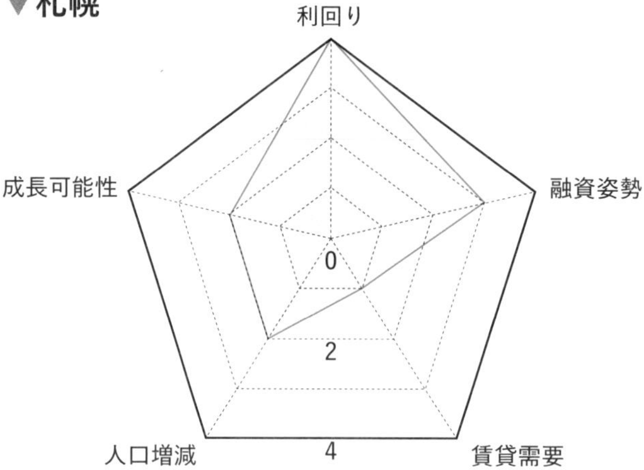


### ▼仙台

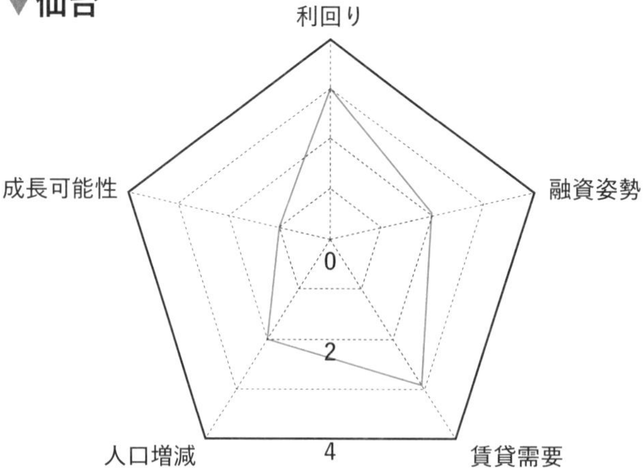

全国政令都市一覧は［P116-117］にあります

## ▼東京

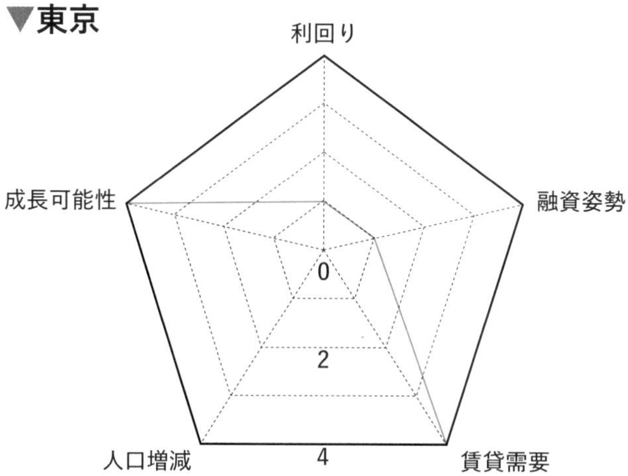


## ▼名古屋

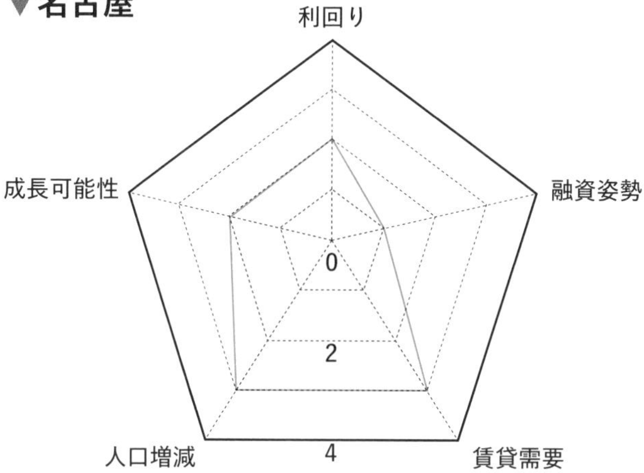

## 各都市のレーダーチャート［2］

### ▼大阪

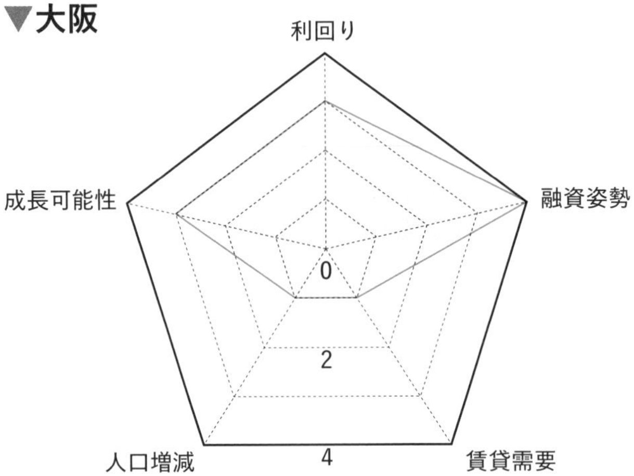


### ▼広島

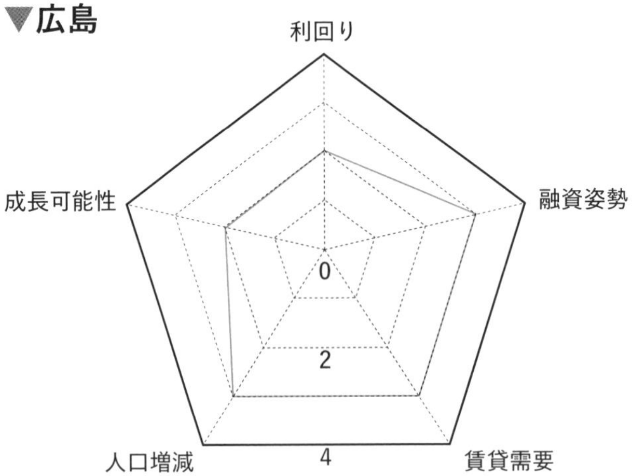

全国政令都市一覧は［P116-117］にあります

## ▼福岡

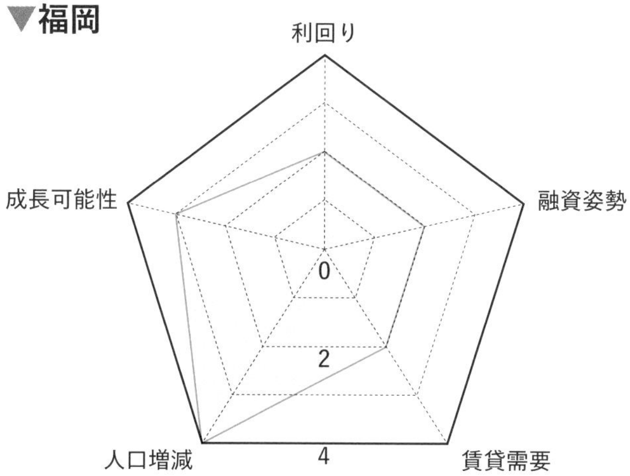

## 全国政令都市一覧

| | | 札幌 | 仙台 | 東京(23区) |
|---|---|---|---|---|
| 基本情報 | 人口(万人) | 196 | 108 | 939 |
| | 面積(㎢) | 1120 | 786 | 619 |
| | 世帯数(万世帯) | 102 | 48.8 | 507 |
| | 所得(万円) | 306 | 337 | 429 |
| | 駅数 | 95 | 43 | 561 |
| 投資情報 | 区分周り(%) | 11.6 | 12.0 | 5.8 |
| | 一棟AP周り(%) | 11.2 | 9.2 | 6.6 |
| | 一棟MS周り(%) | 8.3 | 7.9 | 5.9 |
| | 融資姿勢(1〜4) | 3 | 2 | 1 |
| | 都銀(行数・店舗数) | 4・6 | 4・6 | 4・514 |
| | 時銀(行数・店舗数) | 9・145 | 17・82 | 84・291 |
| | 信金(行数・店舗数) | 16・76 | 3・35 | 29・596 |
| 賃貸情報 | 空室率(万円) | 18〜27 | 16〜25 | 7〜28 |
| | 家賃(万円) | 5.32 | 5.9 | 9.91 |
| | 平均敷・礼(万円) | 1 | 1 | 2 |
| | 平均AD(ヵ月) | 2 | 1 | 1 |
| | 大手仲介店 | 常口アトム<br>ビッグ | エイブル<br>山一地所 | 多数 |
| | 不動産流通システム | けんさくん | レインズ | レインズ |
| 特徴と今後の動向 | 特徴 | ・雪<br>・新築RC | ・震災の影響 | ・利回り低い<br>・融資厳しい<br>・賃貸需要旺盛 |
| | 今後の動向 | | | ・リニア |

| 名古屋 | 大阪 | 広島 | 福岡 |
|---|---|---|---|
| 231 | 269 | 117 | 156 |
| 326 | 225 | 905 | 343 |
| 103 | 135 | 51 | 729 |
| 392 | 329 | 313 | 344 |
| 134 | 223 | 132 | 56 |
| 9.1 | 7.0 | 11.3 | 8.4 |
| 7.4 | 12.0 | 7.0 | 7.6 |
| 7.1 | 9.5 | 7.2 | 6.9 |
| 1 | 4 | 3 | 2 |
| 4・71 | 4・151 | 4・5 | 4・7 |
| 27・228 | 53・156 | 14・122 | 21・186 |
| 24・121 | 8・134 | 2・55 | 4・18 |
| 13〜23 | 6〜24 | 13〜21 | 16〜22 |
| 6.63 | 7.15 | 6.45 | 5.79 |
| 1.5 | 1 | 3 | 0.5 |
| 1 | 2 | 1 | 1.5 |
| ミニミニ<br>ニッショー | エイブル<br>賃貸住宅サービス | 良和ハウス | 三好不動産<br>ハッピーハウス |
| レインズ | レインズ | キマルーム | ふれんず |
| ・融資厳しい<br>・車社会 | ・敷引き<br>・違法建築 | ・利回り低い<br>・敷礼多い | ・外国人多い<br>・人口増加 |
| ・リニア | ・インバウンド | ・インバウンド | |

不動産投資のための「全国投資マーケティング®」

# 3 マーケティングの仕方一つで天国と地獄!?

## 30歳Aさん：「不動産投資」初心者の危機！

不動産投資がブームであることをあるとき知りました。年収にして数千万、あるいは億という数字を稼ぎ出すという話は魅力的なだけでなく、ある意味、心を揺さぶられました。

それがある日、不動産屋のカウンターで話に夢中になっている自分がいました。

利回りが高い、大学が近くにあるRC造マンション、資産になる——そんな営業をかけられて、条件としては申し分ないということに疑いはありませんでした。後から思えば、**自分では何も調べずに不動産業者の営業トークだけに頼り、調査済みだという気分になってしまい、購入することになりました。**

しかし不動産投資を実行された数か月後、あるニュースが飛び込んできます。大学の移転および、**大学周辺は賃貸部件が供給過剰なエリアであり、大学の入居のシーズンでも相当な営業をかけないと空室になりかねないことを知らされます。空室が目立つようになり、売却をかけようにしても、空室により融資が伸びず、売るに売れない状態へと巻き込まれています。**このままでは……危機的状況だけがみえている状態です。

## 40歳Bさん：「不動産投資」をマーケティングへつなげられた結果は……！

気がつけば40歳になっていました。50代になったらどうなるのだろうか？　そういえば、リストラ、年金破綻、老後格差といったニュースからは逃げて、とりあえず、今が良ければいいのではないかという気分にいつの間にか逃げ込んでいました。

慎重な性格と言えばそうかもしれませんが、あるとき不動産投資のセミナーを参加した事がきっかけとなって、しばらくして、不動産投資の業者のセールストークを聞く機会がありました。話は面白かったのですが参考程度にと思い、でも本当はどうなっているのだろうと、**自分でコツコツとネットで調べたり検索したりするようになりました。**結果それがしっかりとしたマーケティングへとつながりました。不動産投資のエリアとしては特に聞きなれない街や沿線の**家賃相場や空室状況や入居募集を検索していくうちに、ここにアパート作ればすぐ満室になるといったことが見えてくるようになっていました。**

あるエリアをマーケティングしていると、そのエリアに唯一のRC物件で、空きがあれば問い合わせがすぐ来ることを知ります。そして数字も見えてきました。周辺エリアでは家賃も下落することもなさそうだとわかりました。そんな中、同じエリアで中古物件のアパートが販売されることを知ります。

**そして購入後、空室時の募集もしっかりとできる管理会社の協力により、数か月で埋まるような仕組みができました。満室経営の実績から、融資した銀行からも認められ、現在は２棟目の物件を購入できそうというところまで来ています。**

Aさんと Bさんは極端な例かもしれませんが、本当にあった実際の話です。

購入時のマーケティングを行うかによって賃貸経営が変わってしまうのです。

マーケティングでも
「再現性」は応用できます。

投資判断は「一連の流れ」で
見極めていきましょう。

# 4 「全国投資マーケティング®」のフレームワーク

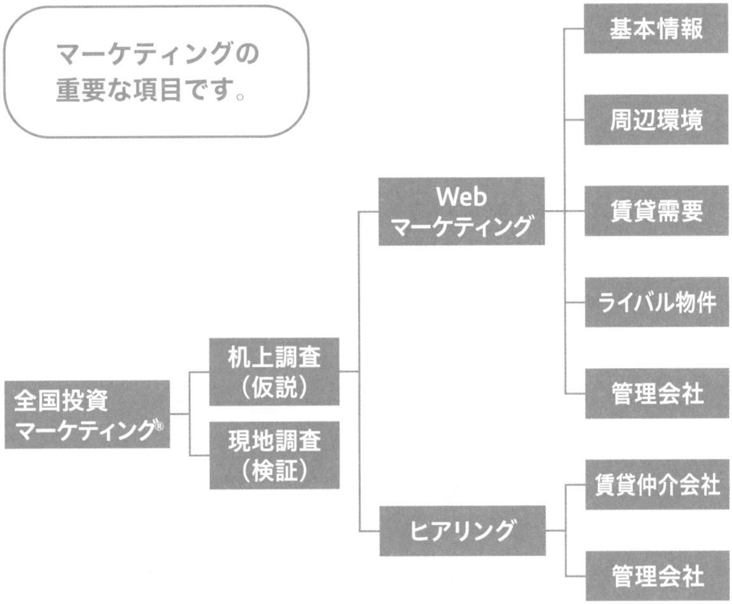


## ◉ 不動産投資の初心者がさらに一歩を踏み出す道しるべ

不動産投資初心者の道しるべとなるのが、「全国投資マーケティング®」の「フレームワーク」です。

最初に分かれる2つの項目は、「机上調査（仮説）」と、「現地調査（検証）」です。さらに、「机上調査（仮説）」は「Webマーケティング」、「ヒアリング」に分かれます。

さらに、「Webマーケティング」は5つに分かれます。「基本情報」

「周辺環境」「賃貸需要」「ライバル物件」「管理会社」です。
「ヒアリング」は、「賃貸仲介会社」と「管理会社」からなります。

### ◉ Webマーケティング

あらためて「Webマーケティング」をみてみると「基本情報」「周辺環境」「賃貸需要」「ライバル物件」「管理会社」とあります。

**不動産投資の考え方でいえば、これら5つの項目から見えてくることは「賃貸需要の現状と今後の予測」です。この賃貸需要こそが“投資の生命線”となります。**

しばしば不動産投資するのなら「東京がいい」「自分が住んでいるところがいい」という人がいたりしますが、なんとなく住んでいて知っているというだけではNGです。そうした声は、残念ながらマーケティングに基づいての判断としては評価できません。それゆえ、インターネットでどれだけ情報をあつめ、それを分析して評価できるか、ということにつながっていくのです。

### ◉「Webマーケティング」から「ヒアリング」へ

**「ヒアリング」は、現地の賃貸仲介会社や管理会社へ聞き取り調査することです。これらによりレントロールの賃料と賃料相場とのギャップを把握していきます。**

また、ヒアリングをきっかけに、現地の賃貸仲介会社や管理会社と関係が構築できます。

実際、不動産投資では、管理会社に管理をアウトソーシング（外部委託）が行われています。**管理会社を選ぶ際に何が重要かというと、その会社の管理力もさることながら「客付力」の強さにも注目するべきでしょう。**客付力とは賃貸仲介会社とパイプを持つことです。客付力の高い管理会社であれば、物件を手に入れた後、入居率を上げるための募集活動についての提案があるでしょう。

## ◉「需要と供給のギャップ差」を比較する

**物件の賃貸状況には「需要」と「供給」の側面があります。**物件の需要からは、借り手がどれくらいいるのかがわかります。物件の供給からは、供給過多であれば空き家へとつながり、供給不足であれば欲しいものが手に入りにくく、家賃は値上がりしていくという状況へとつながるわけです。

そこで注目するのは、その地域での物件の「需要と供給のギャップ差」です。

**「需要と供給のギャップ差」は、購入を検討している物件の家賃が実際の相場と合っているかどうかを指します。**物件情報のレントロールをみると、賃料が相場より高めに出ていたり、逆に安めに出ていたりということがよくあります。そのギャップが、投資判断の正否を握る鍵になります。

## ◉「需要と供給のギャップ差」を分析して、物件の購入を判断する

例えば、Webマーケティングのデータを基に、投資対象とする数あるエリアのうち、供給過多、すなわち、空室が目立つエリアを外してみます。一方で、需要と供給がバランスよく人の出入りや増加傾向にあるエリアを見出します。

例えば、全国的な視野で見るとき、政令指定都市などに注目してみるのも良いでしょう。

政令指定都市は人口が集中しているのに加え、「基本情報」「周辺環境」の不動産投資条件をクリアする都市機能と社会インフラを備えています。

**例えば、札幌、仙台、名古屋、滋賀、京都、大阪、神戸、広島、岡山、福岡を投資の練習トレーニングだと思って「Webマーケティン**

**グ」してみるとよいでしょう。**

さらに、「Webマーケティング」で、「基本情報」「周辺環境」「賃貸需要」につながる情報があれば、どんどん調査していきます。生活の基盤が整っていて住みやすいところであるか、もしくは、供給過剰になっていないエリアであるかを精査していくというわけです。

**不動産投資の成功のポイントは、賃貸と物件の需要と供給のギャップ差を理解することです。その「ギャップ差」をどのようにして見分けるかというのが「全国投資マーケティング®」です。**

不動産投資のための「全国投資マーケティング®」

# 5 Webマーケティングを使いこなす5つの手順

「Webマーケティング」を行うための、5つの手順として紹介します。

手順 1 基本情報を調べる

手順 2 周辺環境を調べる

手順 3 賃貸需要を調べる

手順 4 ライバル物件を調べる

手順 5 管理会社を調べる

## 手順 1 基本情報を調べる

地域の基本情報として調べるのは、**「人口・世帯数」「最寄駅の乗降客数」「都市計画」「ハザードマップ**(※25)**」の4項目**です。各項目ごとにそれぞれ検索にかけて、リサーチしていきましょう。

調べやすいのは、都道府県から区市町村ごとへと調査対象となる地域を小さくしていくことです。また、「人口・世帯数」「最寄駅の乗降客数」などは、過去の増減にも注目してきたいところです。そして「都市計画」などのこれからの計画予定は、人口増加の見込みなどを読み取るなどの材料にもなるので、しっかりリサーチしましょう。

### ① 人口・世帯数

**各市町村の人口や世帯数は、各市町村のウェブサイトにあります。** Googleなどで「○○市 ＋ 人口」を検索語にすればたいてい見つかります。また、数字に実感はなかなか持てないようなときは、現在住んでいる市町村などと比較するなどして、数字の大きさを少しでも実感するのは良いことでしょう。また、年代別人口や男女比率などにも注目してみるといいでしょう。そこから、居住者の特性が見えてくる場合があります。

### ② 最寄駅の乗降客数

**ウィキペディアや電鉄会社及びバス会社のウェブサイトで最寄駅の乗降客数や電車及びバスの本数、ターミナル駅までの所要時間を確認します。**

例えば、JRや私鉄・地下鉄の路線情報および駅の情報を検索して見

---

※25 **ハザードマップ**：自然災害が発生した場合の被害を予測して、その被害の程度と範囲を示した地図。

ていくと、その駅を利用する乗降者数はもちろん、電車の路線数や最寄駅からのバスの路線の発着などがわかります。

駅の乗降者数は、その地域で暮らす人々の多さの指標になると言うことです。

具体的には「JR東日本　駅別乗車人員ベスト100」などを調べるとよいでしょう。

**JR東日本 駅別乗車人員**
**http://www.jreast.co.jp/passenger/**

### ③ 都市計画

都市計画は、その地域の将来像を描くものです。基本は、街の活性化により、人を集め、さらに商業産業を振興させるという基本目標があります。

それは同時に、不動産市場に影響する場合が多いので、例えば限定的な地域に不動産バブルのようなことも起こるわけです。不動産投資初心者は関心を持って見ることが必要となります。

**各地方公共団体のWebサイトで発表されている都市計画について、確認してみましょう。**

### ④ ハザードマップ

**豪雨や台風、または津波の影響がある地域においては、事前にハザードマップを確認しておきましょう。**

過去の災害履歴も確認しておきます。それに対してどのような対策がなされているのかが重要になります。

参考になるのは、「国土交通省ハザードマップポータルサイト」です。

**ハザードマップポータルサイト**
**https://disaportal.gsi.go.jp/**

**またインターネット以外で地域の基本情報を調べる方法として、書籍の「別冊東洋経済 都市データパック」が都市ごとの最新データをまとめているので一冊持っていると何かと役に立ちます。**

## 手順 2 周辺環境を調べる

周辺地域の交通インフラや河川、それから公共機関、大規模店舗やフランチャイズのファーストフードやコンビニなど、それらがどこにどれだけあるのかを調べれば、生活したときのイメージはどんどん膨らんでいくものです。検討している物件の周辺環境を調べるためには、**①フランチャイズ、②工場や企業、③交通の利便性、④最寄駅、⑤事故物件**を調べます。

### ① フランチャイズ

**物件の近隣には、どんな商業施設があるのか調べます。ネットのマップ上には、フランチャイズの店舗や商業地域、幹線道路などはポップアップ（画面の最前面に表示）されます。そもそもフランチャイズ系の店舗がそこにあるのは、出店の検討をマーケティングした結果、「ビジネスとして成立する＝採算が取れる」という判断があった証です。**つまり、人の流れがあり、売上げが期待されるマーケティング調査の結果による出店であるということです。

例えばマクドナルドは、「土地に投資するために店を建てている」と言われるぐらい、店舗出店のマーケティングに厳格なことで知られるのですが、ハンバーグや牛丼のチェーン店が50メートル以内にあるところは、フランチャイズ系での新規出店すれば採算がとれる、利益が見込まれるマーケティング調査の結果であることは知られるところなのです。

吉野家などの牛丼系フランチャイズ、ケンタッキーやファミレス、居酒屋チェーンなどがそこにあることになれば、それはそのまま、人がいる、人が集まる、シグナルでもあるのです。

**駅ビルや、近隣にイオンなどの大型の商業施設があるかどうかも重要です。また郊外型ショッピングモールなどがあると、そこで働く従業員の衣食住も必要とされます。**生活が便利である住環境が整っているということは、人が集まり、新規居住者が賃貸物件を借りるニーズにつながります。

商業施設やフランチャイズの存在は、賃貸のニーズを生み出すことにもつながることを、メモしておくと良いでしょう。

### ② 工場や企業

「企業城下町」という言葉がありますが、これは景気の良い企業が街にあればその街は財政的にも文化的にも栄え潤うというわけです。

アパート物件には、法人の契約で寮として使用されることもあります。不動産投資において「入居率を上げる」ことは必須項目です。この必須項目を常に達成し続けるために**「物件の周辺に雇用を生み出す大規模な工場や企業がないかを調べる」わけです。**

### ③ 交通の利便性

交通の利便性は、そのままヒトやモノの移動、集合や離散につながります。「国道○○線は物流の大動脈だ」というように、鉄道や主要な幹線道路が周囲あることは、ヒト・モノがその地を行き交っている証です。**最寄りの高速道路インターチェンジや高速入口出口などの情報も併せて調べます。**

### ④ 最寄駅

**販売図面に記載されている最寄駅からの距離は「1分80m」で書かれていることになっています。しかし、正確でない場合があるので、実際にグーグルマップで調べることは重要です。**

また、「最寄駅」は、ターミナル駅なのかどうか、最寄駅がターミナル駅でなければ、最寄駅から一番近いターミナル駅までどれくらい時間がかかるか、または、徒歩、自転車、自動車、公共交通機関では何分か、といったことも調べます。なぜなら、これらは賃貸需要へかかわってくる要素だからです。

### ⑤ 事故物件

不動産を探しているときに、「この物件には瑕疵（かし）があるからね」とか「事故物件でもいいのならその値段であるけどね」とか「いくら気に入ったといってもワケあり物件だよ」といった会話を聞くことがあります。「瑕疵」という言葉は、「キズ」のことです。

一般に、建物内で自殺や他殺、火災による焼死、不審死、事故死、孤独死など、人が死亡した事件や出来事があった物件は、「事故物件」と呼ばれます。

通常、事故物件は、不動産の契約前の「重要事項説明」の時に説明されます。しかし、これらは広告時にはそこまで告知する必要はないので、表向きにはわからない場合があります。

**いずれにしろ、物件そのものまたは、近隣に事故物件があるかどう**

**か確認する必要が出来てきます。**

**大島てる**
**http://www.oshimaland.co.jp/**

## 手順 3 賃貸需要を調べる

賃貸需要は、不動産ポータルサイトで調べることができます。ポータルサイトは、インターネットで何かを調べようとするときに入り口となってくれるウェブサイトの総称です。ここでは、不動産ポータルサイトの中のホームズを使って調べます。

**ホームズには「見える！ 賃貸経営」という大家向けサイトがあり、ここから全国の空室の相場と入居率の相場がわかるので、大まかなマーケティングの予想ができます。**

**見える！賃貸経営**
**http://toushi.homes.co.jp/owner/**

例えば、「見える！賃貸経営」では、賃貸需要の旺盛な地域は検索回数が多いので赤く表示されます。一方、賃貸重要があまりない地域は青い色、もしくは無地のエリアが多くなります。

また、ワンルームとか1LDK、あとは2LDK、3DKというような大まかな割合が、ホームズのマーケティングの情報によって簡易的に調べることができます。

ホームズのすごいところは、物件供給の割合と家賃相場の割合、駅からの徒歩の割合、広さの割合、築年数の割合が、自分でまとめなくてもある程度の数が出てくることです。大きな枠組みとして市とか区とか大きいくくりの平均相場も出ているので、参考になります。

次に、**自分の物件に対して実際の供給されている物件の数を把握し照らし合わせてみます。**そのときに何を参考にするかというと、「ニフティ不動産」です。

**ニフティ不動産**
**https://myhome.nifty.com/**

このサイトを使えば、アットホーム、スーモ、ホームズ、ヤフー不動産など複数に掲載されている募集物件を一括検索できます。

ホームズの「見える賃貸経営」では、単純な大きなエリアでの割合のため、ニフティ不動産を使って実際の掲載数を確認することによって、ライバルや供給されている物件の家賃の相場を確認する必要があります。

**インターネットを使ったリサーチのもう一つ便利なツールとして、「賃料・設備相場チェッカー」を紹介します。**

**賃料・設備相場チェッカー**
**https://www.suumo-onr.jp/checker**

これは、リクルートの住宅ポータルサイト「SUUMO（スーモ）」のデータベースを利用しており、物件名と部屋番号を入れると家賃相場や近隣との設備の優劣がわかるという優れものです。

## 手順 4 ライバル物件を調べる

**物件の周辺には必ず「ライバル物件」と呼ばれるものがあります。入居者が賃貸するに際して条件等が同程度でどちらにしようかと迷うような物件のことです。**

周囲にはどれくらいのライバル物件があり、ライバル物件の入居率も調べる必要があります。

なぜなら、ライバル物件が埋まってないエリアでは、供給過剰になっている可能性が高いからです。

**例えばアットホームだと、「地図から探す」という検索ができます。検索結果は、マップ上にライバル物件が表示されます。**検討中の物件があるのであれば、同程度の条件をもつライバル物件の掲載数も調べていきます。さらに、その中で条件をしぼっていきましょう。家賃相場やレントロールなどで得られた情報の中で、自分の検討する物件が上位のほうに来るかどうかを見ます。

**次に近隣ライバル物件の家賃・築年数、駅距離、設備などを比較し**

**ます。**

中には不当に家賃をつり上げて、レントロールに嘘の記載をしてまで、銀行の評価をあげて融資を通して、投資家に無理やり買わせようとする業者もいます。そうした業者に対しても有効な手法になります。吊り上げられた家賃が実際の相場家賃になった場合、計算通り、収入が得られなくなります。

このようにWebにて家賃の相場が把握できます。周囲の物件の間取りや設備、広さ、駅の近さから明らかに相場より高く、家賃が下がる可能性のリスクがある場合は、この時点で「投資対象にならない」という決断を下すこともできます。

空いた時間を対象物件のWebマーケティングに回しましょう。特にスマホなどを活用すれば、仕事の合間の時間でもマーケティングができます。**良い物件ほど早い判断が必要になってきますので、優良な物件を逃さないためにも、Webマーケティングの力をつけておくことをお勧めします。**

そこで自分の希望する条件と似たような間取りを入力することによって、アットホームやスーモで大体の間取りの相場が見えてきます。他に、客付業者によって、サイトの登録件数が異なってくるので、相場を知るためには複数のサイトで比較し、平均値をとるとよいでしょう。

**アットホーム**
**http://www.athome.co.jp/**

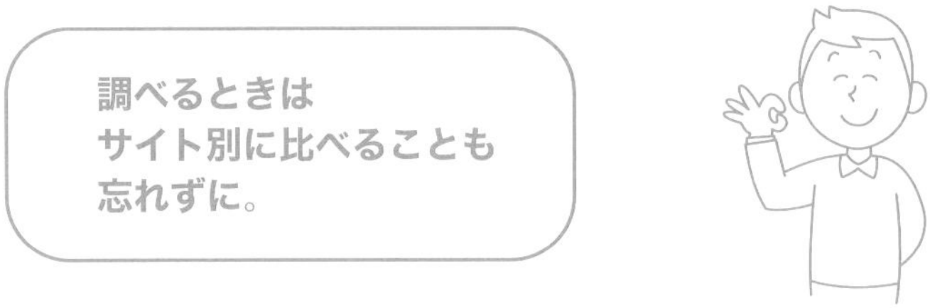


## 手順 5 管理会社を調べる

物件を、大家の代わりに「管理」してくれる会社があります。これらの会社は、「管理会社」と呼ばれるのですが、この管理会社選びは非常に重要です。

なぜなら、管理会社の「客付力」によって、投資の利回りが悪くなったり、挙げ句には投資したことをおおいに後悔する事態へとなりかねないからです。ゆえに、「管理会社」にどれだけの客付力があるかをまず調べる必要があります。

**管理会社を調べるためには、アットホームのなかで「不動産会社を探す」という項目があるので、そこから物件の近くにある管理会社を探すといいでしょう。**

不動産投資のための「全国投資マーケティング®」

# 6 賃貸仲介会社へのヒアリング

## ◉情報は多ければ多いほど正確になる

**いよいよ地元の賃貸仲介会社に電話ヒアリングを行います。**

**Webマーケティングを行った後、物件を記載している賃貸仲介会社に連絡を入れます。**現地調査の際に直接訪問して聞くのが良いのですが、まずは最低限、電話で問い合わせして自分の物件の築年数や構造、家賃とか間取り、同じ間取りの平均賃料の相場、新築の家賃などの情報を把握します。ここで、自分の物件の家賃と最低家賃のかい離を把握することによって、客付のしやすさを予想します。

というのも、ホームズやアットホームに掲載されているのは、まだ入居が決まっていない空室です。家賃が安い場合は家賃の低いほうから上位に掲載されますので、物件の入居を考えている人には目にとまりやすくなります。家賃相場を知ることによって、未来の相場も見えてきます。というのは、自分の購入しようとしている物件の同じような間取りや広さで築年数が古い物件が見つかれば、それが数年後の自分の相場となるからです。

ただし、最新設備を入れるリノベーションやリフォームを行うことによって、相場家賃よりも高い家賃設定にすることもできます。その際にはライバル物件との比較によって、この地域ではないものを導入するのがポイントです。

**現地の管理会社もしくは賃貸仲介会社の相場観で、この物件だったら埋まる可能性があるという情報や見立てを把握しておきましょう。Webで確認しつつ、現地で生の情報を聞くことによって、より情報を確かなものにするのです。**

### ◉業者選び

インターネットで近隣のライバル物件の有無や家賃相場を調べることができますが、さらに現地の不動産者業者にもヒアリングを行います。ここではその業者の選び方をお伝えします。

### ◉駅前または幹線道沿いにある賃貸の取扱件数が多い業者

駅前、または主要な幹線道路沿いには、お客さんが多いため賃貸仲介の取り扱いの数が多い業者が集まっています。

### ◉大手フランチャイズの業者

例えば、アパマンショップ、エイブル、ミニミニ、ピタットハウスなどの大手のフランチャイズ系列の不動産業者は、賃貸の仲介が得意ですので、豊富な情報を入手することが可能です。

### ◉地域で長く経営している業者

地場の不動産業者がその地域の賃貸事情を詳しく知るケースも多いでしょう。**長く経営しているかどうかは、その会社の宅地建物取引業免許証番号の（　　）内の数字を目安にすることができます。**

例えば「東京都知事（1）第○○○○○号」と記載している業者は開業して5年未満です。ルールとしては、新規で免許を受けたばかりの業者は（1）となり、以降、5年が経過するごとに免許が更新されて一つずつ番号が増えていきます。開業6年目の場合は（2）、11年目の場合は（3）となります。

**ヒアリングする賃貸仲介会社の数は1社だけだと、情報のかたよりがあるので最低3社に行います。目安としては、フランチャイズ系2社、地場の不動産業者を1社選ぶと良いでしょう。**可能であれば、5社以上ヒアリングすると情報の精度がより高くなります。

# 7 賃貸仲介会社へ聞くべきポイントとは？

不動産投資の対象となりそうな物件が出てきたとします。ではそのとき、どのような手順で行動を起こせばいいのでしょうか。そして現地の不動産会社には、何を聞けばよいのでしょうか？

結果的には「この地域で賃貸ニーズのある物件かどうか」ということになるのですが、具体的には、次の６項目を確認します。

## ① 地域の入居率

業者を訪問した際のその地域の入居率ヒアリングは、できるだけ自分の購入する予定の物件スペックに対して聞くようにしましょう。**例えば、シングル物件であれば、シングル物件の入居率をヒアリングします。**

## ② 家賃相場

**家賃相場はいくらで募集をしている物件が多いのか。自分が購入を予定している物件スペックを伝えて、いくらであれば客付けすることができるのかを聞くことも有効です。**

非公開物件の場合では、物件名を出さないでヒアリングする必要がありますが、物件名が公開されているケースでは、過去の賃料の相場などを確認するというのが重要です。

ヒアリングは本音ベースで聞けるかどうかにもよるのですが、**不動産会社が自信をもって取れる賃料というのがあります。下限の家賃をしっかり把握して、その金額でも経営的に耐えられるかどうかを確認しなければいけません。**

販売図面、レントロールに載っている額が本当にあっているか、本当に、それが将来も下がらないかを複数社に聞くことが重要です。

### ③ 敷金、礼金、広告費

**次に敷金や礼金が取れるのかどうか。それと客付けをする際の広告費は、その地域ではどれくらいが相場になっているのかを確認します。**

入居者が全く集まらないため、敷金礼金が全く取れず、広告費だけで本来の収入となるはずの家賃収入３カ月の出費を余儀なくされたという地域もあります。かなり客付けの競合が激しい地域、あるいは、お客さんの人数そのものが少ない地域もあります。

この場合は、物件購入後に多額の経費が発生することもあります。空室期間が長くなることもありえます。

エリアによって違うのですが、**例えば、広島のように敷金礼金がとれる大家の負担が少ないエリアがある一方で、福岡や札幌といった敷礼ゼロで入居づけしなければいけない、競争が厳しいエリアもあります。**

### ④ 顧客属性

**物件の地域には、どのようなお客さんが入居しているのかを確認します。**企業名なども聞いておくといいでしょう。大学の近くにあるシングル向け物件や、大企業に依存した物件に関しては、その大学や企業が移転、または撤退をした際に、物件の賃貸に対する影響が大きくなるので注意が必要です。

**大学や企業に依存している物件は、必ずその大学や企業の業績、あるいは直近での学生数の推移もチェックしておきましょう。**企業や大学によっては既に移転計画が発表されているケースもあります。その辺りの最新情報も、現地またはインターネットで確認しておきます。

## ⑤ 物件の需要シーズン

**物件の需要が高まるシーズンを把握することも大切です。一般的に賃貸物件は、基本的には１～３月がメインシーズンで、次のシーズンが転勤の多い10月です。**エリアによって違いますが、仙台の場合だと繁忙期が１～３月ではなく５～６月のところもあります。一般的な繁忙期から外れて法人の問い合わせが来るところもあります。

**賃貸需要を調べる最良の方法は、入居者からの問い合わせ数が目安になります。１週間もしくは１カ月の単位でどれくらいの人が来ているかというのをしっかり聞かなければなりません。**本当に過疎化している地域で、１カ月に１人しか来ないエリアでは、そうではない地域と比べて埋まりにくいのは当然でしょう。

## ⑥ 今後のマーケットの動向

**今後の地域のマーケットの動向も業者ヒアリングの際に確認しておきましょう。衰退している地域ではなく、できるだけ発展していく地域で物件を探して買ったほうが賃料も安定します。**

特に地方都市ではコンパクトシティ(※26)を掲げている行政があります。その線に入っているか否かで街作りの計画も変わっていきますから、購入予定の物件の所在地も注意しましょう。

販売図面ではわからない地域の情報というのは、現地の賃貸仲介会社が話をしてくれる可能性があります。例えば「新しい商業施設ができるから、ここら辺は価値が上がる」とか「大学が撤退するからもう今後空室が多くなる」とか、賃貸仲介会社に話を聞いて、物件の潜在能力を把握しておきましょう。

---

※26　**コンパクトシティ**：都市の中心部に都市機能を集約させて効率化させることで、都市的土地利用の郊外への拡大を抑制すると同時に中心市街地の活性化を図る都市政策。

不動産投資のための「全国投資マーケティング®」

# 8 管理会社に確認すべき7つのポイント

## ① 実績

**管理物件数や管理戸数、入居率を確認します。**中には地域の需要をまったく把握していない、全然空室を埋めてくれない管理会社もあるので、ヒアリングはしっかり行うことが重要です。

**実績としては管理戸数が最低でも1,000件以上、入居率が90%以上は必要です。**

エースクラスの営業担当が1,000件以上担当しているような管理会社だったら、かなり客付力は高いといえるでしょう。

## ② 客付力

**客付力とは、賃貸仲介会社とのパイプがあるかということです。募集の際に賃貸仲介会社に展開が早い、たくさんの賃貸仲介会社を知っている、連絡を毎週やってくれるなどが選ぶ基準になります。**

管理会社が直接客付を行うケースもありますが、客付は賃貸仲介会社に依頼するケースもあります。

**しっかりしている管理会社であれば、担当者レベルで客付の強い賃貸仲介会社を知っています。「あの人が何件つけてくれた」といった詳細までを把握しています。**

逆にいえば、管理会社自体に客付する力がなくても、客付が強い「賃貸仲介会社」を知っていれば、空室が埋まる可能性が大きくなります。

次に重要なのが、**募集広告をしっかりWeb掲載しているかです。入居候補者はWebで掲載情報を見ているので、管理会社としてWebに載っていないことがネックになります。**

入居率が悪い管理会社だと、Web掲載すらしていません。また、管理会社の担当者がeメールを使えるかどうかも重要です。FAXしか使えないとか、書類のやり取りをすべて郵送でやっていれば、時間がかかってしまって効率が下がってしまいます。

### ③ 提案力

管理会社を選ぶポイントとして最も重視すべき点は、**オーナーに対して、物件の管理や募集活動に対してしっかり提案してくれるかどうか**です。副業で大家業を営むサラリーマン大家にとって、自分で自主管理ができない場合には特に、管理会社の提案力は重要になります。

なかなか空室が決まらない理由として

「家賃を下げないと決まらない」

「立地が悪いので決まらない」

「新しい設備やリフォームをしないと決まらない」

などと言う管理会社は、提案力がないと言えます。気を付けましょう。

### ④ 従業員のやる気

実際には年配で、やる気がなくて、言いわけばかりして、埋まらない理由を家賃のせいにする管理会社が多いですが、**理想をいえば、若くて成長意欲があって、これから自分で経験を増やしていってうまく一緒にやっていきたいという人が多い管理会社を選び**たいところです。大体そういう人は係長クラスでとまっているというのがよくある話です。不動産業界は独立する意欲と能力があれば、すぐ独立できますので、そういう能力がある人がいる会社なのかというところを管理会社の基準として選んでいきましょう。

次に、管理会社として成長できるかということを基準にするのもいいでしょう。同じ会社でもできる人とできない人もいますので、その

中でできる人を選ぶことも大切です。例えば、**管理がよくできる担当者であれば、１人で1000件を持つ人もいます。**そうした個人の能力を把握することによって不動産の管理、もしくは客付が変わってきます。

### ⑤ リフォーム対応の柔軟性

修繕時に自由がきくこと。例えば**リフォームで、施主支給ができる、もしくは相見積りをきちんとしてくれる**などです。自分のグループ会社で決められた値段しか出さないというわけではなく、きちんと大家目線で賃貸管理の修繕リフォームをやってくれるような管理会社を選びます。

### ⑥ 資金繰りや保険申請に強い

例えば、**税務とか資金繰り、リフォーム代金を分割払いするなど、そういった資金繰りについて理解の深い管理会社だと、不動産投資を大いにサポートしてもらえることが期待できます。**または保険を使って経費を使わないようにするための**保険の申請**が上手にできるとか、保険の代理の申請を代行してくれるとか、時間の節約とか経費の節約をわかってくれる管理会社がいいでしょう。

### ⑦ 管理手数料

　管理委託の手数料なども確認しておきましょう。将来的に管理会社を変更する可能性もありますので、管理手数料の相場を把握しましょう。

不動産投資のための「全国投資マーケティング®」

# 9 不動産投資「全国投資マーケティング®」の真価とは？

ここまで、ホームズの「見える賃貸経営」を使った調査方法、地元の賃貸仲介会社に電話でヒアリングする方法、管理会社の見つけ方といったマーケティングの具体的なノウハウをお伝えしました。

結局のところ、**投資エリアを絞ると物件を購入するのが難しくなるため、解決方法としては全国に投資対象を広げていくことです。その際に、賃貸需要をしっかり調べていく必要があり、その方法としての「全国投資マーケティング®」があります。**

**「全国投資マーケティング®」とは、簡単に説明すれば、全国どのエリアが自分にとって投資しやすいかそれを見つける方法です。**

理論を知っていれば、居住地のそばや土地勘のあるところ以外の物件の選び方がわかるようになります。そして全国を投資対象として、見ることができるようになります。

**「良い物件が見つからない」「なかなか物件が買えない」そう嘆いている方々の原因は、投資エリアを狭めているから**です。

例えば、神奈川県在住の不動産投資家が横浜市で物件を探していてもなかなかいい物件に出会うことは難しいでしょう。47都道府県のうち１つの県にこだわって物件を探しているためです。

**それよりも、全国を投資対象として、物件を探せば、47倍、物件が見つかる可能性が高まるのです。**

とはいえ、まったく知らない土地で多額の融資を受けて不動産投資を行うことに躊躇するのももっともな話です。**そこで、土地勘がわか**

**らない人へ向けた調査方法がこの「全国投資マーケティング®」なのです。調べ方を「見える化」することで、誰がやっても調べることができますし、的確な投資判断ができるようになります。**

また、購入ができないという問題のほかに、購入した後に「空室が埋まらない」といった問題もあります。不動産投資では事前に収支シミュレーションを行いますが、**入居者がついて稼働しなければ、どんな高利回り物件であっても意味がありません。**

**全国を見渡せば、賃貸物件の供給の少ないエリアもあれば、供給過剰のエリアもあります。その地域によって求められる間取りタイプも変わりますし、募集の仕方も変わります。**

それは一つの地域だけを見ていたのではわからないことです。広島は他の都市に比べて特殊な地域で入居付がしやすい土地柄ですが、広島より大都市で人口も多い、札幌、大阪は供給過剰で客付が難しい地域です。

そういった状況は、広島だけみていたらわかりません。もちろん、大阪だけ見えていてもわかりません。全国を見るからこそ、比較ができるのです。具体的なマーケティングの行い方としては、ここまで述べてきたようにインターネットで調べて仮説を立てて、現地をみることで実証していきます。

物件の調べ方は、自分の知っているところではなく、物件がでてきたエリアをいかに投資対象エリアであるかを知るということが重要になります。不動産投資の初心者の参入障壁として、自分の行ったことのない地域や聞いたことのない地域に対しては、敬遠しがちになります。しかも、近隣エリアでも相場がわからないと、不当な家賃の下落や、入居率の悪化に伴い賃貸経営が悪化する場合が多々見受けられます。

不動産投資を行う上での「収支計算」は、計算式がわかればだれでも販売図面を見れば計算することできます。

巷の不動産投資の本でも表面利回り(※27)何％以上がいいとかを表記してある場合が多いようですが、**本当に重要なのは、自分の物件の賃貸相場のマーケティングを行う**ということです。

出口を迎える際にも空室が大半を占めるような物件は安値で、売却される傾向にあり、満室にして売るにも適正な家賃を知ることによって高値で売却する可能性を上げることもできます。いわば、**マーケティングを知ることによって、賃貸経営を安定化させることだけではなく、最終利益確定の売却という出口戦略にも影響を及ぼす**ということになります。

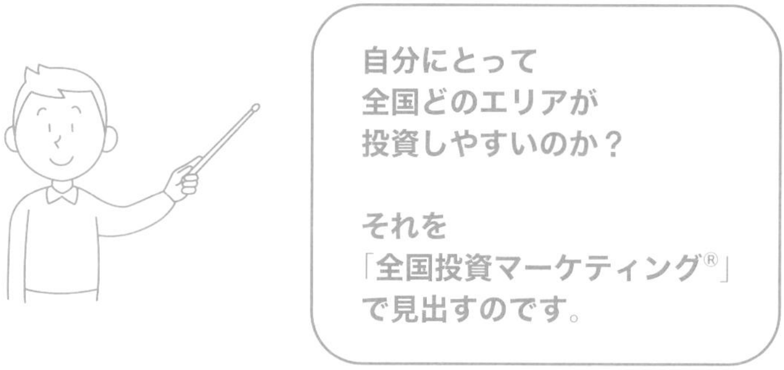


※27　**表面利回り**：年間の家賃収入を物件価格で割ったもので、購入経費や賃貸経営に必要な諸経費を考慮に入れていない。

# 第4章

# 現地調査の重要性とその方法

本章では、実際に物件を見に行ったときに、「全国投資マーケティング®」に沿ってどういったポイントで現地を調査すればいいのか、現地調査の重要性について詳しく解説していきます。

現地調査の重要性とその方法

# 1 不動産投資にはなぜ現地調査が必要なのか？

## ◉ 現地調査する際の3つの注意事項

物件を購入する前に、その物件の現地を訪問して、物件そのものはもちろんのこと、その周辺地域の状況を可能な限り確認することが「現地調査」の重要なポイントです。

では、なぜ現地調査を行うのか。その目的は3つあります。

### その1 机上調査で検討した内容が正しいのか実際に確かめる

**「現地調査」の前に、3章の「マーケティング」を徹底的に行うのは、机上調査でしっかりと対象物件が購入を検討する価値があるかどうか確かめるためです。**そのマーケティングが果たして本当に正しいのかどうか、実際に現地へ行って、自分の目で確かめる必要があります。

事前にマーケティングをしないで、いきなり現地へ行っても、何を調べていいのかわからず、得るものがありません。事前にしっかりとマーケティングをした上で、それを確認しに現地へ行くことが重要であることを理解しておきましょう。

### その2 机上調査のみでは確認できない部分を確認する

マーケティングの机上調査では確認できない部分というのがあります。また、現地へ行って物件の長所や短所がはじめて見えてくることもあります。**現地確認では、現地でしかわからないことを確認したり、現地ではじめて知り得ることを知ったうえで、最終的な投資判断を行います。**

このため、現地に行って何を見るのかポイントをしっかり押さえて

### 不動産投資へ向けての3段階プロセス

STEP 1　**仮　説**　☞机上調査で徹底的に
マーケティングする

STEP 2　**検　証**　☞**現地調査では目的意識を持って
投資判断へと結びつけていく**

STEP 3　**見極め**　☞投資判断をしてOKなら買付へ。
NGなら見送り

おきます。現地には目的意識をしっかり持ってから行きます。

#### その3　購入前の最終判断（見極め）を下す

現地調査には、購入の確度が高い時点で行くのが一般的です。もちろん、現地を見て最終的に「購入しない判断」を下すこともあります。

**現地調査をする上で、しっかりと事前に判断基準を身に付けてから現地訪問しましょう。**初心者の方は現地に行っても物件のどこが良いか悪いかの判断がつかないケースがよくあります。その場合は、メンターや先輩大家など頼れる投資家と共に調査を行うことをお勧めします。

# 2 現地調査をしないで購入した失敗事例

ここでは失敗事例をいくつかお伝えしておきます。現地を見ずに購入して、後から物件の不具合が見つかった事例を紹介します。

## ◉ レントロールと異なる入居状況

事前に業者からもらっていたレントロールと、現地で確認した入居状況が異なっている場合があります。レントロールで入居になっている部屋が、実は空室であったことがありました。

## ◉ 告知を受けていない不具合

事前に仲介業者から告知を受けていない不具合というものが、現地に行って見つかるケースもよくあります。屋根に穴が開いており雨漏りしたり、設備が壊れていたといったような事例もありました。

## ◉ 周りに新築物件が乱立

物件を買った後で周りに新築物件が乱立していることに気づくことがあります。新築物件が乱立する地域だと客付けに苦労する事例もたくさんあります。

## ◉ 地図に載っていない嫌悪施設がある

現地に行くと地図に載っていない嫌悪施設があった事例もあります。物件を購入する前には必ず物件の周辺に嫌悪施設がないか現地で確認することが必要です。

# 3 現地調査で確認すべき 6つの確認ポイント

現地で確認するポイントは、主に６つあります。基本的なこともありますが、それも含めてしっかりと現地で確認しましょう。

① 最寄駅
② 周辺環境
③ 土地の状況
④ 建物の状態
⑤ ライバル物件
⑥不動産会社



## ① 最寄駅

最寄駅が入居者にとって魅力的かどうかは賃貸経営に対して大きな影響がありますので、まずは最寄駅をしっかりと調べましょう。「駅」をキーワードに不動産投資でチェックすべき項目をここで確認しておきましょう。

### ◉ 駅の利便性

駅は都市の生活基盤や社会インフラとなっており、駅や駅周辺の利便性が良いことが住環境にとっては大変重要になってきます。

### ◉ ターミナル駅までのアクセス

最寄駅がすべてターミナル駅とは限りません。最寄駅から一番近いターミナル駅までのアクセスは確認すべきことです。ターミナル駅とは、鉄道の複数乗り入れや電車運行の始発や終点となる駅のことで、乗降者数も多くなります。すなわち、人が集まる地域（エリア）になります。

### ◉ 始発駅かどうか

最寄駅が始発駅の場合は座って通勤することが可能になり、その周辺物件の人気も高くなります。このため、物件も客付けしやすい傾向にあります。

通勤通学の利便性を考える時、電車乗車時間はもちろんですが、特急／快速／各駅停車など、電車の運行種別も居住を判断する上では大きな判断要素になります。

### ◉ 不動産会社の軒数

駅前に不動産会社が何軒あるのか、確認しておきましょう。もし物件を購入した場合、駅前に不動産会社がたくさんあれば、空室の「募集活動」の時に役に立ちます。

### ◉ 生活利便施設の有無

駅周辺に、コンビニやスーパー、ドラッグストア、チェーン店といった店舗がある地域は生活の利便性が良いエリアとして人気が高くなります。さらにそのような地域に出店する企業やフランチャイズの店舗は、人が集まり、消費活動が多く起こる（お金が多く落ちる）エリアとしてマーケティングしたうえで出店しています。企業が出店する際のマーケティングは賃貸需要ともリンクしてくるので、こういった店舗の有無は確認しましょう。

これらは入居者の「生活の便利さ」の指標にもなります。逆に、閉店や撤退はその地域の衰退のシグナルでもあります。レストラン、スーパーマーケット、銀行や郵便局、役所といった施設があるのかについても確認します。



## ② 周辺環境

基本的には、最寄駅から物件まで歩いてみて、入居者の目線で確認するようにしましょう。**最寄駅から物件までの「アクセス」は、販売図面などに「駅から○分」と書いてあります。徒歩表記はルールとして80メーターで1分と決まっていますから、実際に歩いて表記と実際の時間が一致するかを確認しましょう。**ただし、これは時速4.8㎞ですから、成人男性のかなりの早歩きの速度です。坂道や階段、迂回ルートがあると、表記以上に時間がかかるケースもあります。

実際に自分の足で歩き、所有時間を確認しながらその道中でのチェックも行います。そのとき確認すべきことは以下の項目です。

### ◉ 学校、公共施設

**物件の近隣に学校や公共施設があるかどうかは特にファミリー物件に対して大きな影響があります。**さらに、子供のいる家庭では公立の小中学校の評判や地域のイメージも物件を選ぶ際の一因にもなります。

### ◉ 病院や公園

**大学病院、市立病院、総合病院（内科／小児科／産婦人科等）など、病院はその地域の人口構成や人口増減につながる社会整備資本を映し出しています。**地域での病院ランキングや評判をスマートフォンのアプリなどで検索しておくと、その地域の特徴が見えてきます。また、公園をその地域の自治体がどれだけアピールしているかは、住民への健康への配慮や関心度としてみれば、「ひとにやさしい」といった側面からの評価へとつながります。

### ◉ 道中危険な場所はないか

**最寄駅から物件までのアクセスでは、例えば歩道が狭く交通量が多い車道がある、路地やカーブが多いなど、確認します。**入居者が主に単身世帯、ファミリー世帯などによって生活行動範囲内の「危険」とされる確認すべき内容は微妙に違ってきます。また路線バス、坂道、自転車利用なども確認しておきたい項目です。

### ◉ 実際に生活をしたときの利便性はどうか

**コンビニエンスストアやスーパーまでの距離や所要時間は重要です。**実際にその物件で生活をするときのイメージから利便性を想像してみます。

### ◉ 嫌悪施設

**嫌悪施設とは、お墓、ゴミ焼却場、工場、電力会社の変電所や鉄塔施設、または風俗街などです。**これらとの距離や騒音被害なども事前に確認します。

### ◉ 周辺の街並み

駅から物件までのアクセスの途中にある周辺地域の街並みの印象や生活レベルも、投資対象となる物件に影響があります。**物件周辺がどのような雰囲気で、治安がどうかということも気にして、入居者が住みたいと思える場所かどうかを確認しましょう。**

### ◉ 騒音（道路、線路、周辺施設）

**物件の周辺に騒がしい幹線道路や線路が通っていたり、周辺に騒がしい施設があったりする物件は人気がなくなりがちです。**

高層物件の事例で、すぐ真横に高架の高速道路があり、この場合は１階ではなく３階や４階部分で騒音が大きくなるケースもあります。首都高などの騒音は高層階で騒音が大きくなる場合がありますので道路にも注意しましょう。

### ◉ 日照に関わる建築物、計画

**物件の周辺に日照に関わる建築物があるのかは事前に確認しておきましょう。**特に更地や駐車場などはマンションに変わる可能性があります。物件が隣接する土地がある場合も将来マンションに変わる計画がないのか事前に確認すべきです。

### ◉ 大手フランチャイズ店舗

ファーストフード店のマクドナルドやケンタッキー、イオンやスターバックス、ドトールなど、これら大手企業は出店前にその地域のマーケティングを徹底して行います。お店のお客さんとなる層がたくさん住んでいるのかをマーケティングしてから出店するので、これが賃貸需要とリンクしてくる場合が多いです。すなわち**大手のフランチャイズが出店している地域では自然と賃貸需要がいいので、物件も埋まりやすい人気の地域になります。**

# ③ 土地の状況

## ◉ 境界杭（※28）（境界標と境界点）の確認

**最初に土地に関してチェックするポイントは、境界杭です。境界杭とは自分の土地と隣地との境界を明示するための杭です。**しっかりと境界杭があるのか？　境界杭が地面にある場合と、ブロック塀になっている場合があります。

**境界杭の「境界標」と「境界点」**

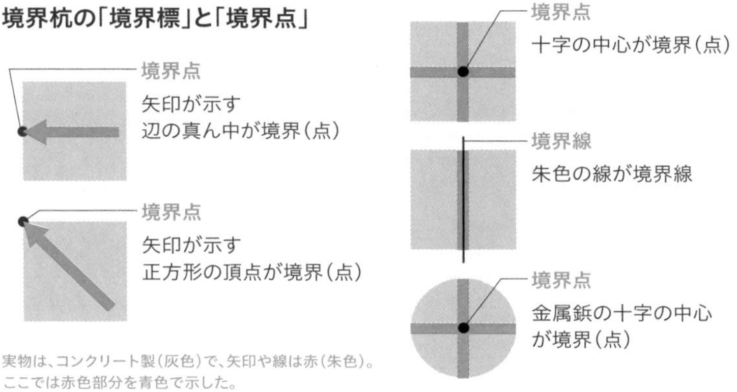


＊実物は、コンクリート製（灰色）で、矢印や線は赤（朱色）。
ここでは赤色部分を青色で示した。

**土地の「境界線」は境界標と境界標を結ぶ線**

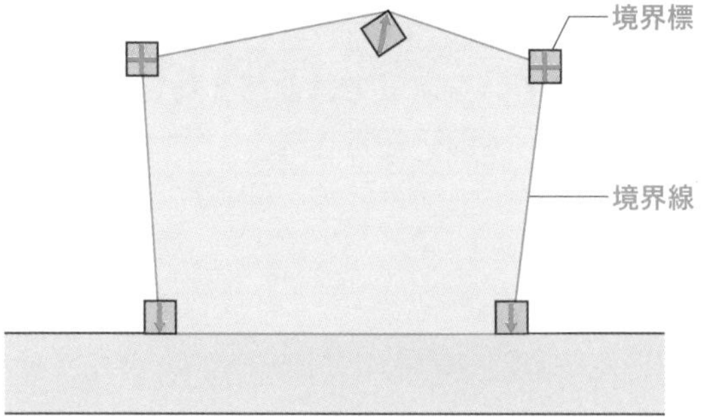


※28　**境界杭**：隣接土地所有者同士で境界を確認した後に、土地の境界に打設する杭。石杭、御影石等様々な素材がある。

現地へ行く前に業者から**境界確定図**を入手しておき、その境界のポイントに対して全箇所しっかりと杭があるのか、または境界がしっかりとなっているのかを確認しましょう。

土地の形状によっては杭が４カ所ではなく、５～６カ所あるケースもあります。これも事前に確認をした上で現地を見に行くようにしましょう。図のように境界杭にもいろんな表記やパターンがあります。

杭の材質も金属でできている場合がありますし、色も赤や銀色などパターンがありますので知っておきましょう。**この境界がしっかりしていない物件は、後々に隣地の所有者とトラブルになる恐れもあるので購入前に確認しておきましょう。**

### ◉ 接道義務

**幅４メーター以上の道のことを「道路」をいいます。「接道義務」は幅４メーター以上の道路に、長さ２メーター以上が自分の物件の土地が面していることをいいます。接道義務を満たしていないと後から家を建てられなくなり、土地の価値が著しく低くなります。しっかりと幅４メーター以上の道路に、長さ２メーター以上が接道していることを確認しましょう。**

ポイントとしては現地に行く際にメジャーを持っていくとよいです。事前に業者から入手している測量図面と相違がないのか、可能であれ

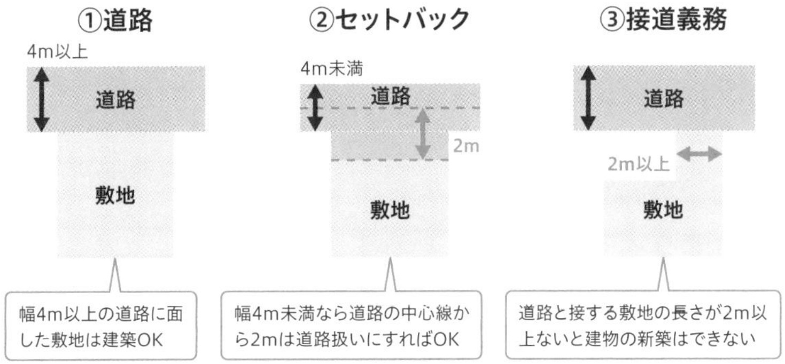

ば自分で道路の長さを測りましょう。**ちなみに前面道路が４メーター以上ない場合は、中心線から２メーターの部分を「セットバック(※29)」と言って、建物の敷地を後退して使う必要があります。**

### ◉ 私道

私道

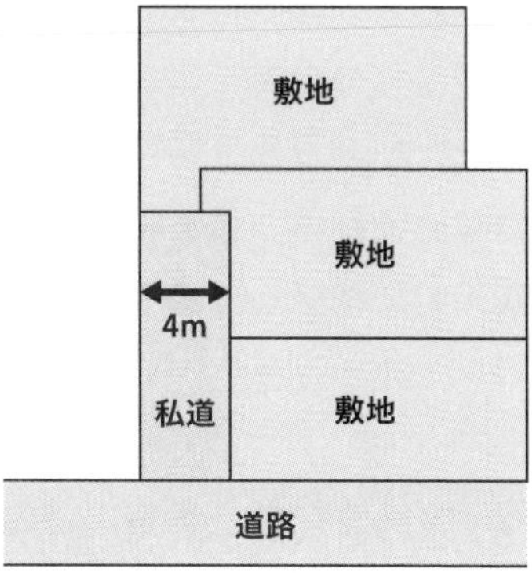


**接道が「公道」ではなく、「私道」の場合があります。私道は所有者が第三者または自己などの個人が所有している道路のことです。第三者が所有する私道に接道していると、その第三者に私道を通行するための承諾を得なければなりません。事前に道路の使用が可能なのか、承諾が得られているのかを不動産業者に確認しましょう。**私道に接道している場合は、銀行の評価が減額される場合もありますので、注意が必要です。

### ◉ 位置指定道路（第42条１項５号道路）

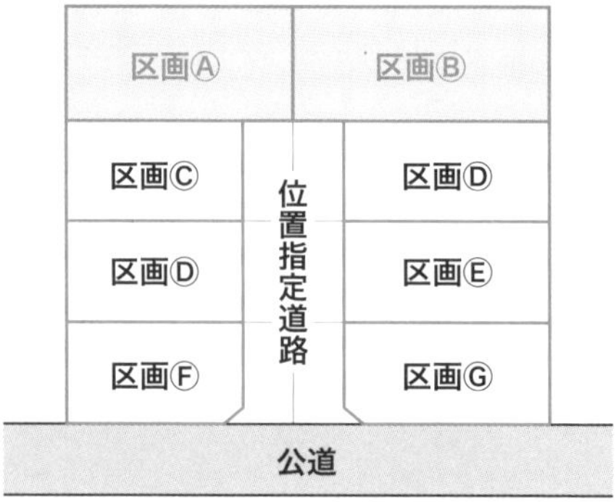


**広い土地をいくつかの区画にして分譲する際に、直接道路に接道していない土地ができます。この場合に、基準に合わせた私道をつくって「位置指定道路」とすることで接道条件を満たすことがあります。**これも

※29　**セットバック**：建築基準法上の道路に接道をしていても、２項道路（建築基準法第42条第２項の規定により道路であるものとみなされた幅4m未満の道）に面する土地では、道路の中心線から2mの位置まで敷地を後退させる必要があり、そのことをセットバックという。

先ほどと同じく、公道に接道していない土地の所有者は、「位置指定道路」の使用に関し、その所有者に、使用権があるのかを確認しておきましょう。

### ◉ 地形[※30]（じがた）がきれいか

**土地の形状のことを不動産取引では「地形」といいます。**この地形にはきれいな長方形、正方形の土地だけでなく、中には三角形の土地や台形状の土地、または旗竿地（はたざおち）のような間口が狭くなっている土地など様々あります。**基本的に地形がきれいなほうが土地の評価は上がります。逆に地形が悪いほど土地の価値は下がります。**その理由は建物を建築する際に、正方形や長方形の土地ほど、土地いっぱいに建物を建てられるので価値が上がっていきます。逆に地形が悪いと土地がいくら広くても使えない土地の部分が大きくなるので価値が下がるわけです。

ただし、**地形の悪い土地は安く売られていることもあり、そのような土地を狙って安く仕入れ、物件を高利回りで稼動させることも投資の判断としては出てくることもあり得ます。**それゆえ「地形」をどう利用するのかは不動産投資の知恵が問われる部分にもなります。

**いろいろな「地形」の例**

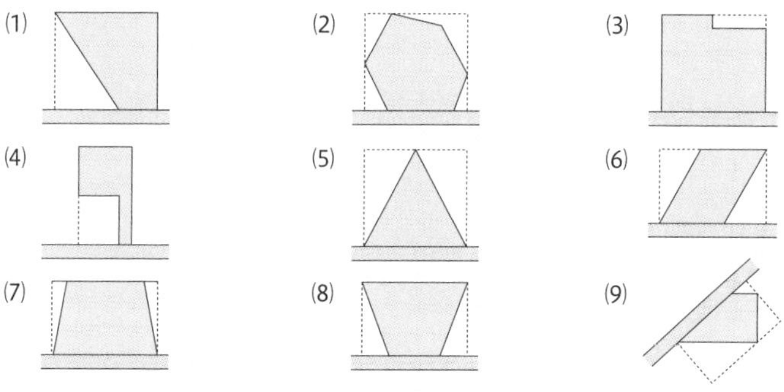


※30　**地形**（じがた）：その土地の形状。

# ④ 建物の状態

**物件購入後に賃貸として運営していく上で、建物の第一印象は非常に重要です。**第一印象が悪いと客付けが不利になるからです。第一印象のいい物件であることは不動産投資を行う上で大きなポイントとなってきます。

## ◉ クラック（ひび割れ）

**建物の外壁にクラック（ひび割れ）がないかは、現地に行ってしっかりと確認しましょう。**例えばその建物ができて以降、地震や自然災害があったのかどうかは調べるべきです。過去の地震によって、例えば壁面タイルの剥離やクラックが生じている場合もあるからです。

**また、建物に修繕した跡がないか、汚れが目立たないかというのは、実際に現地へ行って確認しなければなりません。**現地に行く前に大規

模修繕履歴を不動産業者から取り寄せることもできます。その履歴を確認してから現地に行くと良いでしょう。実際に「修繕履歴がある」と書いてあっても、実はやっていなかった事例が過去にありました。例えば外壁の修繕履歴が直近であれば、その箇所を具体的に確認し、現地に行って修繕されていることを確認しましょう。

おおよその目安ですが、外壁の塗装代は平米単価で3000円ほどかかります。汚れていたり、クラックが多いと、そこから雨漏りが発生する場合もあります。大きなクラックや、過去に雨漏りが発生した履歴は、仲介の不動産会社や売主に確認することが必要です。外壁の雨漏り工事をすると、場合によっては数百万円～1000万円以上も費用が発生しますので注意が必要です。

### ◉ 基礎部分

**基礎についてもクラックがないか、水平であるべき箇所に傾きがないかも確認しておくことが重要です。**傾きの有無を確認するには水平器やビー玉のような球体を持参して、床に置いてみることで判明します。

### ◉ 屋上

**防水にかかわる損傷がないかどうかの点検確認はとても大事になってきます。屋上防水の修繕は費用が大きく発生する箇所だからです。**もし屋上からの漏水が発生でもしようものなら、入居者に被害が出れば損害金が発生するだけでなく、そもそも入居者の募集ができなくなります。

屋上防水の寿命は防水の種類にもよりますが、およそ10年から20年です。築古物件を購入する際は事前に修繕履歴を確認しておきましょう。塗装であれば安くすみますが、屋上防水の修繕でシートを張り替える場合は、平米単価が数千円もかかります。

屋上や外付け階段は建物の中でも劣化が激しい部分。屋上など見学できる機会があればしっかり見ておくことで、建造物の経年劣化を見逃さない観察眼にもなる。

### ◉ 共用部分（※31）

**エントランスや通路などの共用部分は物件の「顔」となる部分です。きれいに保たれているかを確認しましょう。**ゴミが散らかっていないか、掲示板やポストがきれいになっているかも確認しましょう。

もしも通路やエントランスが乱れていると、入居者の属性が垣間見えることがあります。乱れている物件ほど入居者の属性が悪い傾向があり、注意が必要です。あるいは管理会社の管理能力が低いケースもありますので判断材料としましょう。

逆に、これらが乱雑であっても、自分がオーナーとなった場合に改善できるケースもあります。

---

※31　**共用部分**（きょうようぶぶん）：専用部分を除いた、その建物内で共有している箇所。エントランス、共用廊下、階段、エレベーターホール、機械室、車庫などがある。

## ◉ 自転車置き場

自転車置き場も物件の管理状況や入居者の属性がよく表れるので、きれいに並んでいるかを確認しましょう。

## ◉ ゴミ置き場、ゴミステーション

ゴミ置き場、ゴミステーションも、ゴミが散乱していないか、清掃局が回収しない曜日にゴミが出されていないかも確認しましょう。

## ◉ 階段やバルコニー部分

**階段部分もタイルは剥がれていないか確認しましょう。ステップの部分は手すりが鉄になっている場合が多いのですが、錆びていないかチェックをし**

**ます。**

鉄部は階段のみならず、バルコニーにも使用されている物件もありますので、錆びがないか確認しましょう。鉄部の錆びは物件の外観に影響します。これが汚いとかなり印象が悪くなりますので十分に確認しましょう。

### ◉ 駐車場は数が足りているか

**駐車場は「販売図面」の表記通りの数があるかを確認しましょう。**駐車場が表記の台数分あっても、実際に台数分が置けるのかを確認しましょう。中には軽自動車しか停められないような狭い区画であったり、線が引かれていても狭くて停められない、または縦列駐車で停めづらいケースもあります。

一区画が広く取っている物件においては、駐車場の区画を見直しをすることで台数を増やすことも可能です。とりわけ車社会の地方でファミリー物件の場合は、１世帯に対して２台以上の車を所有する地域もあります。そのような地域においては車の台数も確認する必要があります。

**敷地外に駐車場を借りているケースもあります。物件に対して台数が足りない場合は、その敷地外の駐車場を借りられないか、余っている土地に置けないかも、現地へ行った際は確認する必要があります。**

### ◉ エレベーター

エレベーターのある物件は、毎月のように点検費がかかったり、定期的に改修工事をするといった維持費が発生します。それを見越して収支に盛り込んでおく必要があります。

一般的にエレベーターの寿命は20年と言われていますが、メンテナンスにより状況が変わります。実際に乗って安定感があるかを確認しておきましょう。乗降中にガタガタと音がするエレベーターなら改修工事が近い可能性もありますので注意が必要です。

**エレベーターは１年に１回の法定点検が必要です。点検をしているかどうかはエレベーターの中に「点検報告済証」のステッカーが貼ってあります。**これに期限内の点検が行われているかを目視して確認しましょう。その他、消防設備にも２つの点検義務があり、機器点検が６カ月に１回は必要です。総合点検は１年に１回の必要となりますので、それについても確認しておきましょう。

### ◉ 貯水槽

**貯水槽の定期点検は１年に１回必要です。これも貯水槽に「点検報告済証(※32)」のステッカーが貼ってあるかを確認しておきましょう。**

実際にあったことですが、貯水槽の点検ステッカーを見ずに物件を買ってしまい、後から点検されていないことが判明した事例もあります。劣化していれば、すぐにでも修繕が迫られるケースもありますので、しっかりと点検されているかを確認しておきましょう。

このような設備関係には点検費や修繕費が高額になりがちです。場合によっては数百万円の規模になることもありますから、点検されているかどうかは確認しておきましょう。

### ◉ 入居者はレントロール通り入居しているか

**入居者の確認については、事前に不動産業者から入手しているレントロール通りに入居しているのか状況を確認しておきましょう。**理由としてはレントロールが古いため、その内容と現況が異なっている場合

---

※32　**点検報告済証**：年に１度の貯水槽点検を行ったときに発行されるステッカー。

もあります。そのため現地に行って確認することが必要となります。具体的なチェックポイントとしては３つあります。

**・その１…ポスト**

１つ目は、ポストです。ポストの口がテープでふさがれていたり、ポストの隙間から、ダイレクトメールなどの封筒が山積みになっているのが目視できれば、その部屋は空室の可能性があります。または「募集中」と書いてある場合もありますので、しっかりとポストをチェックしましょう。

**・その２…電気メーター**

２つ目のポイントは電気メーターです。入居中の部屋は電気メーターが回っています。逆に「入居中」と書いてあっても、電気メーターが回っていない部屋には入居者が住んでいないケースもありますので、電気メーターが回っているかどうかを確認しましょう。

昔の電気メーターはアナログ式で円盤が回っているタイプですが、最近はデジタル式になっています。

**・その３…カーテンや物干し有無確認**

３つ目のポイントとしてはバルコニー（ベランダ）側から見て、カーテンや物干しがあるのかを確認しましょう。カーテンがかかっておらず、室内に何も置いていない部屋は空室の可能性が高いからです。

### ◉ 入居者属性

**入居者の属性も確認しておきましょう。**

現地にある程度の時間、滞在していると、入居者が部屋から出てくる場合もあります。実際にどのような人が住んでいるのか、またはポストに書いてある名前から女性と男性、どちらが多いかを確認しておきましょう。

## ◉ 空室があれば内覧して部屋を確認する

**空室のある物件ならば内覧をして、その部屋を確認することが重要です。**内覧のポイントは、空室の全てを内覧することです。

## ◉ 部屋が修繕されているか確認

**部屋が修繕されているかどうかを確認することは必要です。**実際に入居者の募集をする際には修繕しておくことが必須条件です。しかし、中には前オーナーの事情により、お金がなくて修繕ができていない部屋もあったりします。

クリーニングにかかる費用として、シングル向け物件では約２～３万円です。ファミリー物件であれば約４～５万円ほどかかります。原状回復されていない部屋においては、おおよその目安として平米当たり約１万円かかります。その辺りの費用も見込んでおきましょう。

| 工事頭目 | 数量 | 施工会社単価 | 管理会社単価 | 施工会社<br>仕入原価率 |
|---|---|---|---|---|
| クロス張替え | 1㎡ | 900 | 1,200 | 70－75% |
| クッションフロア張替え | 1㎡ | 2,800 | 3,500 | 50－55% |
| カーペット張替え | 1㎡ | 3,500 | 4,300 | 55－60% |
| 畳表替 | 1枚 | 4,000 | 4,800 | 73－78% |
| 襖張替 | 1枚 | 2,700 | 3,500 | 64－68% |
| 天袋張替 | 1枚 | 2,100 | 2,700 | 70－75% |
| 網戸張替 | 1枚 | 3,000 | 3,500 | 58－63% |
| 塗装 | 1㎡ | 1,200 | 1,500 | 80－85% |
| フローリング張替 | 1㎡ | 8,500 | 11,00 | 55－60% |

## ◉ 和室、ダイニングキッチン（リビングがない部屋）、３点ユニットは不人気

物件の仕様として最近のトレンドは、和室、ダイニングキッチン（リビングがない部屋）、３点ユニットの物件が不人気なのは常識となっていますから、部屋の間取りも確認しておきましょう。

## ◉ 物件の一部や植栽が越境（※33）していないか確認する

**物件の一部や植栽が、自分の物件から隣接物件に対して、または隣接物件から自分の物件に越境していないかを確認しましょう。**よく隣接物件から植物がはみ出している場合があります。その場合は隣接者に「撤去することはできないか」を、購入前に売主側に確認します。放置しておけば購入後に隣接者と揉め事が発生するケースもありますので、購入前にできるだけ、そのようなリスクを取り除いておきましょう。

**隣接物件の木の枝がこちらへ入ってきても、勝手に切ることはできません。まして高い樹木ともなれば勝手に動かせない上に、自分の建物を建てるとき支障になることもあります。**また大量の葉が茂る木ですと、落葉により自分の物件や敷地を汚される場合もあります。銀杏は秋に実が落ちると悪臭を放ちます。そのようなトラブルがないのかを事前に確認するというのが大事です。

## ◉ 区分マンションと一棟物で変わる注意点

**区分マンションと一棟物では、管理方法が違うため、その違いを説明しておきます。**

区分マンションにおいては、基本的に所有者の管理部分は専用部分のみになります。共用部分の改善は個人の所有者の力では困難になります。共用部分の管理は管理組合が管理権限を持ってもっています。**区分マンションを購入する際に共用部分に不具合があれば、改善は管理組合を通しての改善となります。**

それに対して一棟物は、所有者が建物全体を管理することになりますので、自力で全体の改善が可能となります。逆にいうと、より細かい確認が必要となります。区分マンションについては管理組合がしっ

※33　**越境**（えっきょう）：建物の一部や植栽が、自分の敷地から隣接物件の敷地に対して、または隣接物件から自分の敷地に侵入すること。

かりしている物件であれば、管理組合が修繕しているので、その辺りのリスクは下がってきますが、**一棟物件は所有者が全て管理する必要がありますので、よりリスクが大きくなります。一棟物ほど前所有者が管理できていないケースもありますので、注意が必要です。**

### ◉ 購入後の収益アップが可能か？

**「購入後に収益アップが可能か」についても現地に行った際に見極めておきましょう。**例えば屋上に太陽光発電(※34)の設備が乗せられるのか、敷地内に自動販売機が置けるのか、あるいは余っている駐車場をコインパーキングとして活用することが可能なのかです。

トランクルームなどで収益をアップすることも可能です。そのような遊休地を活用できるのかも確認しておきましょう。

### ◉ ガス会社

コストダウンが可能なのかも現地に行って確認することができます。例えばガス会社ですが、**現在は都市ガスを使用している物件でも、プロパンガスに切り替えられるならば、それを採用することにより、様々なコストダウンも可能です。**

プロパンガスに切り替えることで給湯器、エアコンまたはテレビモニターフォン、温水洗浄便座や、場合によってはインターネットの導入までもプロパン会社へお願いすることができます。

都市ガス物件からプロパンへの切り替え、またはプロパンの物件においても、現在のプロパンガス会社との契約によっては、別のプロパン会社へ切り替えることでサービスの向上を得ることも可能です。現状どのガスが採用されているのかも現地に行って確認しましょう。

---

※34　**太陽光発電**：太陽発電とは、太陽電池によって太陽光のエネルギーを直接に電力に変換する発電方式をいう。太陽光発電投資は、原則20年間電力会社に一定価格で太陽光発電した電力を買取ってもらうことによって収入を得る投資を指す。

ただし**プロパンガスに変えることで入居者のガス料金が上がることもあります。ガス料金が上がると入居者の不満につながって退去される可能性もあります。**事前に見積もりをとり、入居者に負担がないようにして切り替えるようにしましょう。

### ◉ 定期清掃

**定期清掃は２週間から１カ月に１回実施しますが、しっかりと清掃がされているのかを確認しましょう。**定期清掃をコストダウンすることも可能です。

管理会社に定期清掃を任せているのであれば、これを独立系の会社に発注したり、シルバー人材を利用したりすることでコストダウンすることも可能です。

### ◉ 各種点検

**各種点検も業者を替えることでコストダウンが可能です。**この辺りは事前に現オーナーがどの業者を使用しているのか、いくら経費がかかっているのかを確認しておき、購入前に切り替えが可能なのか、相見積もりをとるなどしてコストダウンができないのかを確認しておきましょう。

| 修繕項目 | | 修繕のポイント | 修繕サイクル | | 内容 |
|---|---|---|---|---|---|
| 部位 | 部材 | | 部分（年） | 全体（年） | |
| 屋根 | 瓦<br>（粘土瓦） | 割れ、ずれ | 割れ、ずれ　5 | 20 | 割れ・ずれの補修、面土補修（10年）。割れ・ずれが多くなれば（15～20年）葺替え |
| | 瓦<br>（セメント瓦） | | 塗装の塗替え　7～10 | 15 | |
| | コロニアル同等 | | 塗装の塗替え　7～10 | 25 | |
| 雨樋 | 塩ビ製 | 破損 | 塗装　4 | 15～20 | 受け金物の破損、はずれ直しはその都度、軒先補修は10～15年 |
| | | （受け金物） | ゆがみ・はずれ　5 | | |
| 外回り | 基礎 | 亀裂 | 亀裂補修　5 | | ゆがみ、亀裂が多い場合は地盤チェックが必要 |
| | 破風板・雨戸 | 汚れ、塗装のはがれ、壁との隙間 | 塗装の塗替え　3～5、シーリングの充填 | 5～6 | |
| 外壁 | モルタル<br>リシン仕上げ<br>しっくい造り | 汚れ、ひび割れ、はく離 | 清掃　1<br>亀裂直し　3～5<br>部分塗装　8 | 15～20 | 亀裂が全体の20％を超えれば塗装（20～25年） |
| | 吹付仕上げ | 汚れ、ひび割れ、はく離 | 部分吹替え　10 | 15～20 | 部分吹替えをするより美観上、全部吹替えをすることが多い（10～20年） |
| | サイディング | 汚れ、破損 | 部分直し　10 | 20～25 | 清掃、キズ直しは毎年 |
| | タイル | 目地落ち、浮き、はく離 | 部分直し　15～20 | 25～30 | 目地塗替えは7～10年ごとに |
| 床 | 畳 | 褐色 | 表替え　4 | 10～20 | |
| | フローリング | 汚れ、腐朽<br>はく離 | ワックスがけ　1<br>部分補修　6～8 | 15～20 | |
| | カーペット | 純毛<br>化繊 | クリーニング　2 | 15<br>8 | |
| | 塩ビ系床材 | はく離、滅耗 | 部分補修　6～8 | 20 | |
| | | 折損、腐朽 | 部分補修　10～15 | 20～25 | |
| 壁・天上 | クロス | はく離、褐色 | 部分補修　2～3 | 5～8 | |
| 建具 | 襖 | 汚れ、金具破損 | 張替え　3～4<br>建付け直し　10 | 15～20 | |
| | ドア、引戸 | 汚れ、腐朽、破損、金具破損 | 金物注油　1～2<br>金物取替え　3～5<br>建具修理　8～10<br>枠修理　10～15 | 20～25 | |
| | サッシ | 汚れ、金具破損 | クレセント　3～5 | 15～20 | |
| 水回り | 給・排水管 | 汚れ、金具破損 | 配管クリーニング　3～5<br>給水マスの清掃　2 | 20～25 | |
| | 浴槽・便器・洗面台・シンク | 破損、汚れ、がたつき | 清掃　常時<br>がたつき直し　3～5<br>部分補修　7～10 | 20～30 | 水漏れ点検は毎年<br>浮ゴム・パッキンは6～8年ごと保尊はその都度 |

## ⑤ ライバル物件

**ライバル物件は現地調査で確認すべき重要な項目の１つになります。**「現地調査」といえば、どうしても最寄駅や物件そのものに着目しがちですが、それだけでなく、周辺の競合となりえるライバル物件も確認することが現地調査のポイントです。こちらもしっかりと行いましょう。

**ライバル物件とは自分の物件と同じような間取り、築年数や賃料帯が近い物件のことです。または駅からの距離が近い物件もライバル物件となりえます。なぜこのライバル物件を確認するのかといえば、入居がうまっていないライバル物件や家賃の低いライバル物件が、自分の物件の将来的な賃料にも影響を及ぼすからです。**賃貸業とは、自分の物件だけで成り立っているものではなく、その地域の一体の相場や、入居率の関係から賃料や入居率が決まってきます。

周辺物件の家賃相場や入居率を知っておくことは重要です。自分の物件から対象となるライバル物件を、実際に自分の足で歩いて、先述した郵便ポストやバルコニーの様子から入居率を確認しておきましょう。

現地に行って競合となりえるライバル物件を発見したときは、スマホなどのモバイル機器を使って、インターネットでサイトから物件名を入れると、現在の募集状況が出てくるケースもあります。募集中であれば家賃が調べられますので、**現地に行ってライバル物件を発見した際は、入居率や今の募集家賃を調べておきましょう。**

### ◉ 入居率：ポストやバルコニー

ライバル物件の入居率の調べ方ですがポストやバルコニー、電気メーターから確認しましょう。

### ◉ 家賃相場

周辺物件の家賃相場は、募集中であれば管理会社の看板が出ています。現地の不動産業者に電話をして、周辺の家賃相場を確認する手段も有効です。

### ◉ 地域の強い管理会社も調査

**優秀な管理会社は、その地域で多くの物件管理をしてます。**例えば、ライバル物件を複数みて同じ看板をしばしば見かけるのであれば、少なくともその地域では不動産営業に熱心で、その地域の相場に精通している会社であることが多いです。

**このため、ライバル物件の管理会社に電話したり、店舗を訪問してヒアリングすることも有効な手段です。**その際には周辺の入居率、家賃相場、敷金礼金の有無などを確認します。なお、不動産業者は水曜日が定休の業者が多いので、定休日にも注意する必要があります。

現地調査の確認ポイント

## ⑥ 不動産会社

**現地を訪問した際には、市場調査や相場感、または入居率の確認をするため、最寄駅や物件近くの不動産会社を訪問してヒアリングも行いましょう。**その候補としては最寄駅、またはその物件の近くのターミナル駅前にある、賃貸仲介系の業者です。

### ◉ どの業者にいくのか

不動産業者は一般的には駅に近いほど物件を扱っている件数は多い傾向にありますが、できるだけ現地での不動産相場を把握している業者を訪問するのがおすすめです。

加えて、**現地の業者を訪問する際はできれば３社以上を訪問しましょう。代表的なのがアパマンショップ、エイブル、ミニミニのような賃貸専門のフランチャイズの業者です。**これらの業者は入居者となりえる一般のお客さんからの知名度が高く来店件数も多いので、多くの情報や成約事例を持っています。加えて、その地域の地場で古くからやっている大きめの業者も訪問することで、また違った情報を得ることもできます。このように、異なるタイプの複数の業者から意見を聞くことで、より正確な情報をヒアリングでき、投資判断をする上で欠かせない判断材料となります。

現地調査の確認ポイント

## その他の注意ポイント

**現地調査は、初心者のうちはできるだけ１人ではなく、仲介の不動産業者、または知り合いで経験がある大家に同行してもらうようにしましょう。**

自分が物件を所有した後に改善することにより、管理状況が大きく変わることで化ける物件もあります。そのようにお得な物件もありますから、自分が持った後にどのような改善ができるのかも現地に行ったときは確認しておきましょう。

**物件そのものについて調査したいときは、ホームインスペクションのサービスを利用することも判断のひとつに加えておきましょう。**プロの診断業者ですから数万円の費用はかかりますが、第三者の目でしっかりと確認してもらうこともできます。

また、住居とは、24時間365日その環境のなかで生活するところとなるわけでですから、昼間の状態だけを見るのではなく、朝、夕方、夜にはどんな住環境としての「顔」や「表情」をもつのかといったことを周辺から聞き集めるといったことも行えば、より的確な判断にもつながるはずです。

**投資家となる以上は、投資物件がいかに人気を集め、そこに住もうという気持ちになるかどうかも現地調査から組み立てていく程度の推察力は働かせたいものです。**

不動産投資　一棟目の教科書

# 第5章

# 買付から購入までの流れ

本章では、特に初心者が注意しなければいけない買付け、売買契約、決済及び物件購入までのポイントについて詳しく解説していきます。

不動産投資の契約締結

# 1 「買付から購入までのフローチャート」をおさえる

物件の買付けを入れてから、購入に至るまでのフローチャートには、5つのステップがあります。ここでのポイントは、「買付」から「決済」までの手順を確認し実践することです。（なお、全体の流れについては、第1章 P.32 で解説してあります。）

まず、次のステップ①から⑤までをしっかりと覚え、全体を一つの手続きの流れとして叩き込んでしまいましょう。これが結果的には不動産投資における正確で素早い判断の基礎となるからです。

ステップ❶　買付けを入れる
ステップ❷　融資の承認を受ける
ステップ❸　売買契約を締結する
ステップ❹　金消契約を締結する
ステップ❺　決済を行う

ステップ❶　買付から物件購入までのフローチャート

## 買付けを入れる

### ◉買付証明書(※35)とは

**不動産売買で「買付（かいつ）けを入れる」とは、その物件を是非購入したいという意思を、不動産仲介業へ申し入れる（連絡する）こ**

※35　**買付証明書**（かいつけしょうめいしょ）：購入希望者が、購入の意思を書面にしたもの。

**とです。**

**この買付の証明となるのが「買付証明書」です。**この書類を不動産業者に対して提出します。これをもって「物件を買いたい」という意思表示となるわけです。

### ◉買付証明書の性質

**買付証明書は、厳密には法的責任はありません。**不動産業者も買付証明書が送られてきた段階では、「その物件を買う気がある人」を受け付けるぐらいの気持ちでいます。もちろん、無責任に「買付を入れる」ことはお勧めできませんが、いたずらに恐がってばかりいても物件を手に入れる機会を逸します。

というのも、不動産市場は、当然競争があるわけですから、良い物件には買付証明書が何本も入るのが常なので、買付けを入れれば買えるというわけでもないからです。**何回か買付証明書を出してやっとひとつ買えるかどうかといったことはよくあることです。だからこそ、たくさんの物件を見て、目を養い、物件選定基準を明確にして購入に値する物件が出てきたら条件反射的に買付証明書をだせるように準備することが重要です。**

### ◉買付証明書の特約

**買付証明書には、融資特約(※36)を付けることもできます。**

融資特約を付けるということは、希望する融資が受けられなかった場合は契約を白紙に戻すことができる特約なので、もし結果的に買わなかったような場合でも、違約金などは発生しません。

また、買付証明書を送ったら、不動産業者にいつ物件を見に行くのか明言して交渉することです。

---

※36　**融資特約**：不動産は購入に当たって、融資を使うことが一般的なため、融資が受けられなかった場合は売買契約を白紙に戻せるという特約のこと。

「次の休日には必ず見に行きますから、この物件を私が行くまで他の人に売ったりしないでください」とお願いをして、買う気があることをアピールすることが大切です。ただし、**買付証明書に条件を入れ過ぎてしまうと、売主の立場からすれば、「本当にこの人は買う気があるのか？」と疑われて、買付けが通らないこともあります。ですから、融資特約をつけないという選択もあります。**

**融資特約をつけないということは、もし融資がつかなかった場合には現金でその不動産を購入するということです。**つまり、買い手の覚悟をしめすといった意味もあります。

**これらの買付けの際の「特約」の付け方は、いわゆる買付けにおけるテクニックです。相手の信頼を引きつけつつもこちらに有利となるような関係を作れるようになるといいでしょう。**

ステップ❷ 買付から物件購入までのフローチャート

## 融資の承認を受ける

### ◉融資の打診

**買付けを出したら、速やかに銀行へ融資の打診に行くのが次の段取りとなります。**ただし、銀行へ相談するにしても、飛び込みで行くと非常に苦労することが多いことは承知しておきましょう。銀行からすれば、飛び込みのお客さんに、多額のお金を貸すことには、当然、警戒します。それゆえ**銀行に融資を相談する場合は、できる限り知り合いの大家の紹介、もしくは不動産業者の紹介でアポイントを取るといいでしょう。**

もう１点注意すべき点は、やはり銀行によっても融資基準が異なるとともに、その支店や担当によって、審査結果が大きく変わることがあります。ですから、**最初に融資を申し込んだ銀行に断られたとしても諦めず、複数の銀行に打診してみることです。**これは各々の支店長の姿勢や、融資担当の審査能力のいかんでも変わってきます。

ただし、本格的な稟議を出した上で断られた場合は、同じ銀行に持ち込んでも、最終的には本店の稟議で融資不可と判定されているので、なかなか通らないことを覚えておきましょう。

## ◉融資を受ける上での４つのポイント

融資を受ける場合は、次の４つの項目がポイントになります。

**１．融資期間**
**２．返済方法**
**３．固定金利と変動金利**
**４．抵当権の種類**

### １．融資期間

**融資期間の長さによって返済金額、返済比率**(※37)**が大きく変わってきます。**同じ金額を借りた場合でも、返済期間が例えば５年であるのか10年であるのか、はたまた20年であるのかなどの融資期間の長さによって毎月の返済額が変わってきます。

**返済比率とは、年間家賃年収における年間の借入返済額の割合のことで、充分なキャッシュフローが得られるかどうかを判断する指標のひとつです。**万が一、予想外のことが起きても、それに耐えられる状況なのかを確認した上で、返済期間は決めていきましょう。

例えば、借入額が少ない物件であれば、返済期間を短くすることも選択肢としてあり得るでしょう。自分の貯金や年収でカバーできるのであればいざというときのリスクは乗り越えられるからです。

しかし、**多額の融資を受けるときは、長い期間に設定し、返済比率**

※37　**返済比率**：年間家賃収入に対する年間借入返済額（元金＋利息）の割合のこと。

**を低く抑えることが重要です。**

## 2. 返済方法

**返済方法には、返済金額が均一な「元利均等」と、元金の返済額が均一な「元金均等」という2つの種類があります。**「元利均等」で借りるつもりが「元金均等」だった場合は、初期の返済比率が上がってキャッシュフローを圧迫することがあるので、どちらを選ぶかは充分に検討した上で判断します。

### ◉ 元利均等返済(※38)と元金均等返済(※39)の仕組みと特徴

返済方法を考える際、返済総額が抑えられるという理由で「元金均等返済」に魅力を感じる人も少なくないかと思いますが、一般的には返済計画の立てやすさから「元利均等返済」が選ばれる傾向にあります。元利均等返済でも「繰上返済」を行うことで、計画的に返済総額を低減することが可能です。

#### 元利均等返済

**特長◉毎月の返済額が変わらない。**

元金と利息を合わせた返済額は変わらず、返済金額に占める元金と利息の割合がだんだん変化する返済方法。

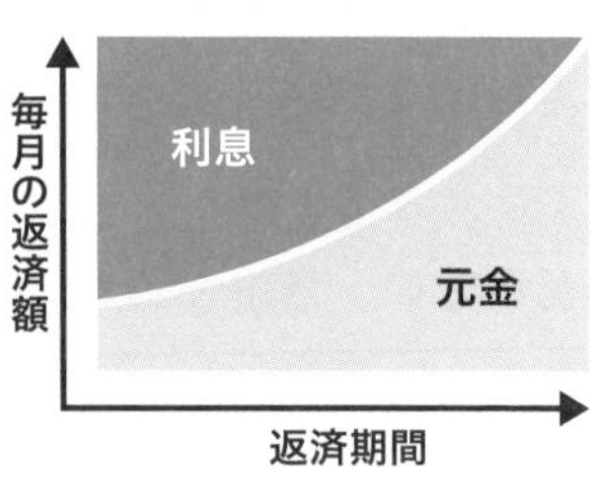


**メリット◉**返済額の把握できるので、将来の家計収支も予想しやすくなる。

**デメリット◉**元利均等に比べて総返済額が多くなる。

---

※38　**元利均等返済**（がんりきんとうへんさい）：返済額（元金＋利息）が一定となる返済方法。毎月の返済額は同じだが、同じ返済期間の場合、元金均等返済よりも総返済額が多くなる。

※39　**元金均等返済**（がんきんきんとうへんさい）：毎月の返済額のうち、元金の額が一定となる返済方法。最初のうちの返済額は多いが、元金の減りに比例して利息分が減り、月々の返済額が減少していく。

### 元金均等返済

**特長◉当初の返済額が多い。**

元金を返済期間で均等に割り、残高に応じて利息を計算し、毎月の返済額を算出する返済方式。

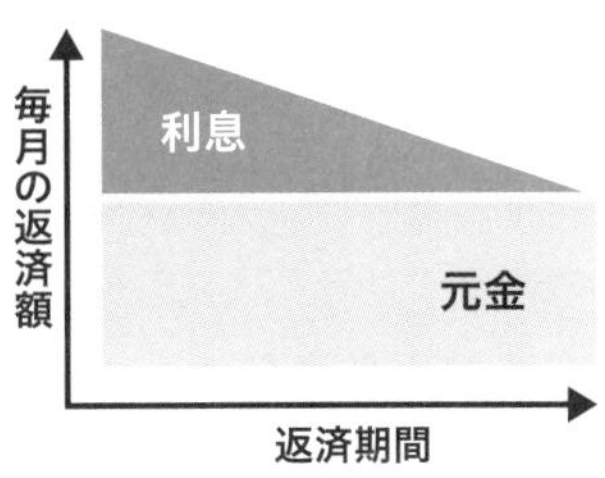


**メリット**◉総返済額は元利均等返済よりも少ない。

**デメリット**◉当初の返済負担が大きい。借入時の収入次第では、借入れ可能額が少なくなってしまう場合がある。

## 3．固定金利と変動金利

**融資を受ける場合、変動金利を選ぶことが多いです。一般的に、固定金利よりも変動金利の利率が低いからです。**固定金利の場合は借入れ当初3年とか5年とか10年とか期間を選べる場合もあり、住宅ローンなどではよく見かける返済パターンです。

**融資の条件として、長期で固定金利で借入したときは、他の金融機関に借換えをすれば、違約金が発生することもあります。**そうなると、結果的に借り換えてもメリットがなくなることもあります。そのため長期で固定金利で借入する場合には違約金を考慮してもメリットがある程の超低金利かどうか、よく検討した方がいいでしょう。固定金利の期間をあまり長く設定しすぎると、借り換えや金利を下げる交渉が難しくなります。ただし、金利上昇局面では、固定金利の方が金利上昇リスクを回避できます。

## 4．抵当権の種類

**抵当権には、「普通抵当(※40)」と「根抵当(※41)」という、2つの抵当権があります。**一般にはあまりその違いは知られていませんが、普通抵当は、返済が進んでいくと、返済余力が生じてきます。その返済余力の部分に、他の金融機関が「第2抵当権(※42)」という担保をつけることができるのです。

**根抵当は、商売をやっていて何度も借りたり返したりをするときに便利な抵当権です。これは、「極度額」という上限額を設定して、その中で借りたり返したりします。**ただし、不動産の場合は、コツコツと返済していくので、返済期間中は普通抵当と変わりありません。

**「根抵当」のメリットは同じ金融機関で融資を受けたときに空き担保の登記をしなくてよく登記費用が節約できます。**

しかし、たとえ返済が進んでも極度額が減るわけではありませんから、他の金融機関が第2抵当権で入ることはできません。融資をする金融機関が根抵当を希望することが多い理由はそのためです。では、理屈の上では極度額の空きができるので、本来ならば今借りている銀行で次の物件を買うときに、その空き担保枠で買えるようになるのですが、実際には、そう簡単にはいかないようです。そのため、**融資の申し込みをするときは可能なら「普通抵当」が良いでしょう。**

このように融資1つをとっても、いろいろ細かな条件があり、後で融資条件を確認した時「話が違う」とならないようにすることが重要です。例えば、

---

※40　**普通抵当**（ふつうていとう）：金融機関が不動産を担保に融資する際に設定される担保物権のこと。

※41　**根抵当**（ねていとう）：抵当権の一種で、一定範囲内の不特定の債権を、極度額を上限として担保する抵当権。

※42　**第2抵当権**：1つの不動産に対して複数の抵当権が設定される場合、各抵当権者が優先弁済を受ける順位に応じて「第1抵当権」「第2抵当権」……と呼ばれる。第2抵当権は2番目に設定された抵当権のこと。

**このような物件を買います。そのためには○○万円の融資を○年の期間で借りたいです。**

**金利は変動金利で○%ならありがたいです。ただし、固定金利を数年つけることで金利を安くできるなら応相談です。**

**抵当権については普通抵当を希望します。ただし、根抵当でしか融資が受けられない場合は、それも応相談です。**

**保証人は私のみ、自宅は共同担保に入れるつもりはありません。**

と、正確に伝えられるよう文書に書いて、金融機関の担当に渡すようにするのもいいでしょう。

ステップ❸　買付から物件購入までのフローチャート

## 売買契約を締結する

売買契約の締結の際に確認すべきポイントは以下の４つがあります。

①契約不適合責任（旧瑕疵担保責任）
②建物価格と土地価格の比率
③境界確認
④売買契約解除の条件

## ① 契約不適合責任（旧瑕疵担保責任）

- □ **2020年4月施行の民法改正により、売買の対象物に「隠れた瑕疵（かし）（＝外部から容易に発見できない欠陥）」がある場合、売主が買主に対してその責任を負うことを「契約不適合責任」という。**
- □ **契約不適合があった場合、買主は、売主に対して契約解除や損害賠償の請求を主張することができる。**
- □ **その欠陥により契約の目的が達成できないような、雨漏りやシロアリなど。**

### 「隠れた瑕疵」とは

そもそも「瑕疵（かし）」とは特定の売買契約において、その目的物に何らかの欠陥があることを言います。さらに、**「隠れた瑕疵」とは、民法に規定されている言葉で、外部からは発見できない隠れている欠陥のことです。**一般的には使わない言葉であるのですが、不動産用語としてはしばしば使われる言葉なので、知っておいた方がいいでしょう。例えば、明らかに欠陥があり、お互いが認識している場合は、隠れた瑕疵とはいいません。

しかし、「きれいな建物だな」と安心して買ってはみたけれど、実は地盤沈下している、雨漏りがする、あるいは白アリが巣くっていたなど、隠れた欠陥がある場合には隠れた瑕疵といえます。

### 契約不適合責任の事例

ここで事例を紹介しましょう。

土地を買って新築のRC造マンションを建てた際に、杭打ち工事で杭が入らなくなったことがありました。掘り返すと、昔の貯水場だったらしいのです。そこには巨大なお盆の様なコンクリート製の貯水槽が埋まっており、それで杭が入らなくなったのです。

このようなものが埋まっているとわかっていれば、最初からコンクリートを抜く杭を用いて工事ができたのですが、それを知らなくて杭が止まってしまったのです。杭を打つためにはコンクリートを掘り起こして捨てなければいけません。なおかつ、昔の土ですからガラが混じっており、きれいな土ではありませんでした。そのため、普通の山土のように捨てられる状態ではなくて、産廃業者に頼んで分別させなければいけないのです。

これらの工事に500万円もかかりました。ただし**「土地を買って新築マンションを建てます。そのとき、土地に何かしらの欠陥があった場合は、契約不適合責任を売主が負う」という特約を結んでおり、この撤去工事の500万円については売主負担となったのです。**

つまり、高額な物件を買うとき、契約不適合責任は重要になってきます。しかし古い物件を安く買う場合であれば、売主が契約不適合責任を付けたがらないこともあります。この判断は物件ごとによりますが、契約不適合責任は重要なので購入する時には可能な限り確認して付けるようにしたほうがよいでしょう。

### 売主が不動産業者の場合

**不動産業者が売主の場合は、一般の消費者が買うことになりますので、消費者保護法に基づく消費者保護が義務付けられています。中古の場合で２年未満の契約不適合責任は無効と宅建業法で定めています。**民法の原則「発見した時から１年」になります。不動産業者は民法の原則ではいつまでも保証しないといけないリスクがあるので２年の契約不適合責任をつけます。

**新築の場合、施主に対して品質確保法に基づき10年の契約不適合**

**責任を負うことが決められています。**この場合には10年の契約不適合責任が保険でカバーされます。

ただし、これにも注意点があります。**新築で10年の契約不適合責任（JIO保険）が付いているのは、原則建てた施主のみです。**しかし10年以内に転売して、次に買った買主も保証を受けられる転売特約条項もあります。ついていなければ宅建業法の２年の契約不適合責任という範囲になります。

#### 売主が一般の個人の場合

**契約不適合責任の義務は一般の人にはありません。**ただし、交渉次第で契約不適合責任を付けてもらうことは可能です。その場合、通常３カ月程度といわれています。非常に物件が古くて、だからこそ安い場合は、契約不適合責任を付けてもらうことが難しくなることもあります。また、契約不適合責任をつけないことで値交渉するという選択肢もあります。

### ② 建物価格と土地価格の比率

**建物価格は購入後に減価償却として経費にできますので、購入後のキャッシュフローに大きく影響します。できる限り建物価格を高くすることで節税になります。**ただし、運営上は節税になるのですが、売却時は簿価は低く、売却益が大きくなり、税金は高くなります。

売主が不動産業者などの消費税課税事業者の場合は、建物価格が高くなると、その分、売主が納める消費税は高くなるので、その消費税分を物件価格に上乗せするなど、交渉をすることにより、建物価格を上乗せすることも可能です。

また、税理士が減価償却を間違えているケースがあります。建物価格を高く交渉しても税理士が減価償却を間違えていると努力が台無しになるので念入りに税理士と打合せし、確認が必要です。

### ③ 境界確認

境界杭がなく、土地の境界が曖昧な場合があります。現土地所有者が信じていた土地の面積が実際の登記とは異なるケースもあるのです。必ずしも法務局に登録されている公図が正確であるとは限りません。その場合には実測をしてもらい測量図を渡してもらう必要があります。

現地調査の時に境界をよく確認することです。境界が確定されていない場合には境界確定して購入できるかを聞きます。非常に安い物件など測量もせずに買うことがありますから、この測量コストもしっかりと見積もった上で、その分を値引いてもらうことも重要な交渉です。この測量は、土地家屋調査士という資格者が行います。土地家屋調査士に見積りをとって、その見積りを元に、減額交渉をすればいいでしょう。**最終的に境界について売主ととり決めしたことについて売買契約書に明確に記載されているか確認することも重要です。**

### ④ 売買契約解除の条件

**どのようなケースの場合に「売買契約解除」になるのかをしっかりと確認しておきましょう。**契約後から受け渡しまでの間に発生した自然火災や、心理的瑕疵についてはとくに注意が必要です。心理的瑕疵とはマンションやアパートで殺人、自殺などの死亡事故が起きた場合です。物理的に何かが毀損しているわけではありませんが、心理的に気持ちが悪いものです。これは「心理的瑕疵[※43]」というものに当てはまります。2021年10月に施行された「宅地建物取引業者による人の死の告知に関するガイドライン」を参考にするといいでしょう。

※43 **心理的瑕疵**：物件そのものに瑕疵・欠陥があるわけではなく、殺人や自殺など過去に事件・事故があった、あるいは近隣に嫌悪施設があるなど、借り手が強い心理的抵抗を感じやすい条件があることを指す。

**【事例】弁護士の事例、手付金トラブルのケース**

「心理的瑕疵」を見逃して貸していたケースが過去にありました。この場合、引っ越した費用と住居費用、それに引っ越しで出ていく費用の全額を大家側が裁判で負けて払ったという事例があります。

### ［その他注意すべきポイント］

#### 1．不足資料の確認

買付時に資料がすべて手元に揃わないことがあります。**不足していた資料は、売買契約時までに必ず受け取り、不明点をなくしておくように仲介業者へ確認しましょう。**

#### 2．重要事項説明書と売買契約書の事前確認

**重要事項説明書と売買契約書は、契約する前に必ずもらって内容を確認しておきましょう。**内容を確認した上で不可解な点、気になる点がありましたら必ず仲介業者に確認しましょう。

#### 3．売渡承諾書（※44）

**買付証明書を出して売主との合意がとれた場合は、可能な限り「売渡承諾書」をもらいましょう。**しかし、売渡承諾書をもらったとしても、売買契約を結ぶまでは売主には法的な責任が発生するわけでもありません。特に最近のような不動産の値が上がっている状態では、一度は買付が通っても、他に高く買う人が現れると、ひっくり返されてしまうケースもあります。

売渡承諾書がある事実は売主にとって「売買承諾を撤回しづらい」心理的リスクヘッジにもなるので、可能な限り売渡承諾書をもらいましょう。

---

※44　**売渡承諾書**（うりわたししょうだくしょ）：所有者が所有不動産を売却する意思がある旨を特定または不特定の第三者にあてて表明する文書のこと。

### 4．手付金流し（※45）のリスクをなくす

**現金購入か確実な融資の内諾がある場合を除き、融資特約を付けて手付金流しのリスクをなくしておきます。**この場合は融資特約も、融資特約付きと一言書くよりも、具体的な金融機関をあげて、「A銀行で金額はいくら、融資期間は何年、金利は何％以下の融資が受けられない場合は、融資特約で白紙撤回する」など条件を限定し業者が高金利や短期融資で承諾をとっても白紙撤回できるようにしておきましょう。

不動産業者は、基本的に一旦決まりかけたものは可能な限り流したくないものです。それは売主も同じです。ですから、手付金の返還に渋る場合があります。そのような心配を感じた場合、不動産業者が加盟している不動産業界の団体に、あらかじめ協会に相談を入れておくのもいいでしょう。**業界団体としては、約10万社が加盟する「宅地建物取引業協会」いわゆるハトマーク、加盟約3万社「全日本不動産協会」のウサギマークがほとんどで、大手不動産グループ300社弱が加盟する不動産流通経営協会（FRK）、全国住宅産業協会（全住協）の4団体があります。**

**万が一の事態には、業界団体に紛争解決の間に入ってもらえることがあります。その場合は、消費者のほうの観点で動いてもらえることも事前に知っておくといいでしょう。**

ステップ❹　買付から物件購入までのフローチャート

## 金消契約を締結する

**金消契約（きんしょうけいやく）とは「金銭消費賃借契約」の略で、簡単にいうと銀行と結ぶローン契約のことです。**売買契約を結んだら、銀行担当と密に連絡を取り合いながら、速やかに決済の前に締結をす

※45　**手付金流し**（てつけきんながし）：売買契約締結後、買主の都合で契約を解除するとき、買主は手付金を放棄しなければならない。手付金が戻らず、流れてしまうので手付け流しという。

るようにしましょう。

銀行の担当者は、融資を出せれば営業成績が上がります。ですから余程のことがない限り、必要書類の取得や契約のためなら、こちらが希望する場所にも出向いてくれます。内諾(※46)を終えてから、金銭消費契約の前にもう一度、金利や条件の確認をしてみましょう。

これまでにあった金消契約のトラブルでは、借換えの直前になって、知らされていた金利より高い条件での融資の契約書を持ってきたケースがありました。そうした際には、聞いていた話と違うことを明確に伝え、約束通りの金利に戻してもらう交渉をしましょう。銀行員との契約において、このような行き違いはよくあるという認識を持っておくことです。

逆をいえば、もう一押しすることによって条件が優位になることあります。「これってどうなのですか？」と、問題にならない範囲で穏やかに、もう一押しするつもりで聞いてみることもポイントでしょう。

ステップ⑤　買付から物件購入までのフローチャート

# 決済を行う

**「決済」とは、売買代金を買主が売主に支払うことです。要は、支払いを行い、取引を完了させることです。**

決済時のお金の流れについては、仲介業者と銀行担当者に事前に確認して、出金伝票と必要書類を書いておくことをお勧めします。

一方で、様々な売買の話を聞いていると「通帳を忘れた」「印鑑を忘れた」というミスは意外とあるようです。

ですから、事前の決済準備は完璧にはしておきましょう。

**前日までに、もしも自分が当日いなくても決済ができるくらいまで**

---

※46　**内諾**（ないだく）：融資審査の過程で、正式に融資承認をされる前に、内々に承諾を得ること。

用意しておくことがトラブル防止のために重要であると思います。不動産売買では大きな金額が動きますが、決済当日に必ずその場に売主や買主がいなければならないかといえばそうでもない場合もあります。方法として、買主立ち合い無しの不動産の売買に慣れている司法書士に依頼することも可能です。

# 2 「物件購入時に必要な経費」を把握する

不動産購入の諸経費は、合計すると物件価格の６～８％といわれています。売主物件であれば、もう少し安くなります。それと非常に安い物件は割高になり、20％以上かかることもあります。



## 契約時に必要な経費

### ◉ 印紙税

まず、売買するときの経費で最初にかかるのが印紙税です。売買契約書に添付します。ただし、この印紙ですが、融資特約などで契約が白紙撤回されて流れてしまった場合でも税務署は返金してくれません。

そこで最後のぎりぎりまで印紙は貼らずに交渉することをお勧めします。つまり、融資特約が流れる可能性がある間は、なるべく印紙を貼らないでおくことです。

また、売主が「契約書はコピーでも良い」と言えば契約書は１部で済み、印紙税を折半で安くする事ができることもあります。



## 決済・引き渡し時に必要な経費（税金・登記費用など）

### ◉ 登録免許税

不動産の売買時に、司法書士に支払う金額です。

司法書士への報酬は10～20万円ですが、ある程度の大きな物件を買った場合には司法書士の報酬よりもこの登録免許税のほうが圧倒的に高いです。

◉ 固定資産税

固定資産税の精算金を物件の引渡日を基準に１月１日から日割計算をします。地域によって４月１日が日割計算の基準になっていますので要注意です。

固定資産税の精算を日割計算で払っているのだから、これで税金を払ったということで「租税公課」として扱いたくなるのですが、払う方は「費用」、受け取る方は「売上げ」として受け取らなければなりません。

| コスト | 金額 | |
|---|---|---|
| 印紙税<br>（金消契約書に添付） | 500万円超　1000万円以下 | 10,000円 |
| | 1000万円超　5000万円以下 | 15,000円 |
| | 5000万円超　１億円以下 | 45,000円 |
| | １億円超　１億円以下 | 80,000円 |
| | ５億円超　10億円以下 | 180,000円 |
| 登録免許税 | 売買による所有権移転 | 固定資産税評価額×１％ |
| | 抵当権の設定 | 借入額×0.4％ |
| 司法書士報酬 | 所有権移転＋抵当権の設定<br>＋取引立会い＋日当等 | 約10～20万円 |
| 固定資産税 | 物件の引渡し日を基準に１月１日から日割り計算 | |



## 決済･引き渡し時に必要な費用（手数料･ローン費用）

◉ 仲介手数料

（物件価格×３％+6万円）×消費税です。これが宅建業法上認められた報酬の上限となります。

◉ 融資手数料

金融機関によって大きく変わります。確認しておきましょう。

### ◉ ローン保証料

保証協会等がありますので、その場合は借入金の約２％を保証料として払う場合があります。

### ◉ 火災保険料

火災保険に対して金融機関が質権設定をすることがあります。その場合は銀行によって、いくらの火災保険に入る必要があるのかを確認しておきましょう。

保険に入るときは基本的にある程度の幅があるので金融機関と相談する必要がありますが、賃貸経営していると様々な事故が起こり得るので、可能な限りフルカバーで補償する見積を取ることが大事です。

### ◉ 団体信用生命保険料

融資の返済をしている間に借りている当事者が亡くなった場合、その借金が保険から払われて借金を帳消しにしてくれます。この保険を「団体信用生命保険」といいます。住宅ローンは団体信用生命保険に入ることが必須とされています。ただし、賃貸物件では任意です。

それでも一般の家を買うのと違うのは、団体信用生命保険は金融機関により、上限が１億円までしか入れませんので、全額カバーできるわけではありません。そして、団体信用生命保険に入ると、入らない状態よりも金利が0.2〜0.4％ほど上乗せされます。

そのため、この保険が必要なのかをよく検討しましょう。私のケースですが、個人で買って連帯保証に入ってもらっている物件は、団体信用生命保険に入っています。ただしそうではない物件については入っていません。

| コスト | 金額 | 備考 |
| --- | --- | --- |
| **不動産仲介手数料** | （物件価格×３％＋６万円）×消費税 | 400万円以上の場合 |
| **融資手数料** | ２～５万円 | 金融機関により異なる |
| **ローン保証料** | 借入額×２％ | プロパー融資ではなく、保証会社を利用する場合 |
| **火災保険料** | 物件の価格、構造により異なり、RC造＜鉄骨造＜木造の順に高くなる | 売買契約をしたらすぐに見積もりして決済に間に合うようにする |
| **団体信用生命保険料** | 貸出金利に上乗せされる場合が多い | 金融機関により異なるが、0.2％～0.4％上乗せ |

不動産投資の契約締結

# 3 「物件購入後にかかる経費」を把握する

物件を購入したら、不動産を運営していく上で様々なコストやリスクが発生するものです。ただし、基本的に不動産を通してのリスクは出尽くしていますから、しっかりと勉強しておけば対処できます。

「物件購入後にかかる経費」

## 不動産投資のリスク

大地震や津波、台風などの天災を一番不安に感じるでしょう。実は火災保険を本当に火災で使うことはごく少数で、風災や水災の方が多いのです。天災に備えるためには火災保険と地震保険に必ず入っておきます。

あと人災です。自殺・殺人・放火・孤独死があります。これは、予め避けることが難しいのですが、起きてしまった場合の対応の仕方はあります。建物の欠陥、瑕疵もあります。例えば瑕疵の中には、鉄骨造などの石綿（アスベスト）(※47)の問題、そして土壌汚染(※48)の問題、違法建築の問題等があります。

### ◉ 経済情勢の変化

これまでは歴史的低金利が続きましたが、このような低金利はいつまでも続かないでしょう。いつかは金利が上がる日もくるはずです。したがって、返済額が増えても手出しにならない、耐えられる限界の

※47　石綿（アスベスト）：微細な繊維状の鉱物が結束した天然の鉱物繊維。蛇紋石系、角閃石系がある。かつては建設資材をはじめ様々な用途に使用されてきたが、粉末の吸入が後に中皮腫（ちゅうひしゅ）や肺癌（はいがん）を引き起こすとされ、現在は使用規制されている。

※48　土壌汚染：有害な物質（＝特定有害物質）が土壌に浸透して土壌や地下水が汚染された状態を指す。

金利を把握して、残債を確実に減らすために、固定金利を採用する事も選択肢です。

### ◉ 施策の変化

これにより、相続税などが課税強化されて支払いが多くなったり、消費税が上がって、運営コストに対する支払いが多くなります。それと景気による地価の上昇下落などは予見することが困難です。これらは生命保険でカバーをしたり、借入返済を進めて、残債を減らしたり、キャッシュフローを貯めたりして対応していくことが大切です。

「物件購入後にかかる経費」

## 購入後のコスト

### ◉ 不動産取得税

不動産取得税は、その不動産を取得したことによる税金が課税される税金です。不動産の登記を行って概ね半年ほど経ったころに都道府県税事務所から支払い通知が送られてきます。金額は固定資産税評価額(※49)の４％ですが。住宅取得については2024年３月31日まで特例で３％です。この３％の特例は延長され続けています・購入時に不動産業者に、不動産取得税がいくらか聞いておきましょう。意外と忘れた頃にやってきますから、予めその分のお金を確保しておくことが必要です。役所が稀に固定資産税や不動産取得税を役所が間違えることもあります。

| コスト | 金額 | 備考 |
|---|---|---|
| **不動産取得税** | 不動産の課税標準額×税率＊＊ | 半年後程度 |

＊ 2024年３月末まで、土地については1/2に軽減
＊ 税率は土地、建物ともに**固定資産税評価**の３％

※49　固定資産税評価額：市町村が算定する固定資産税の基準となる価格。固定資産税評価額の決め方は「固定資産評価基準」に基づいて算定される。

【事例】岐阜県K市の物件

以前にK市で物件を購入したとき、土地の分の不動産取得税しか来ませんでした。いざ次の融資を借りようと金融機関へ持ち込んだら「これは何ですか？」と問い詰められることになります。不動産取得税は都道府県税で、県の税事務所からきますので、問合せしたところ建物分が忘れられていたそうです。

◉ 修繕費

運営していくと給湯器やエアコンなどの設備が壊れていきます。間取りが古い場合は、リフォームやリノベーションを施す必要があります。非常に古い物件の場合は、給排水や浄化槽というライフラインが不具合を起こすことも予測されます。

屋上防水は15～20年の寿命といわれていますので、それくらいの時期に、大規模修繕を行う必要になってきます。これら築年数から予見することが可能ですから、事前に修繕計画を立てて見積もっておくこと、すなわち金を積み立てておくことにより対応が可能だと思います。以下は物件購入後にかかるコストの一覧です。

◉ 建物の基礎

建物の基礎に、深いクラック（ひび割れ）が入ることがあります。クラックの幅が狭ければいいのですが、ある程度以上になると重篤な問題が起きる可能性があります。

◉ 設備の交換

給湯器やエアコンは10～15年で寿命がきます。大きさにもよりますが、給湯器は１台あたり12万円でエアコンは７万円ほどです。

・退去があったあとの原状回復、リフォーム費用

家賃の１ヶ月から最大でも６ヶ月以内に収めましょう。

◉ リノベーション

お金のかけ方にもよりますが、家賃の８～20カ月分かかる場合があります。そのため、この回収期間など、建物の築年数と回収期間のバ

ランスを考え過剰投資にならないよう行う必要があります。

### ◉ 大規模修繕

10〜15年周期で屋根・外壁の補修・再塗装・洗浄などの大規模修繕が必要です。売りに出ている物件で、この大規模修繕がしっかりとなされていない物件もありますので、買う時点で何年後にどのくらいの費用がかかるのかを予測を立てておく必要があると思います。物件購入時だけではなく、購入後もさまざまなコストがかかりますから、事前に把握しておくということが大切です。

| コスト | 説明 |
|---|---|
| **建物の基礎** | 基礎部分に深いヒビ、空洞、無筋（均一でない）<br>→専門家によるチェックと見積り |
| **給湯器、エアコン** | それぞれ、10〜15年で寿命<br>→給湯器は12万円×台数、エアコンは７万円×台数 |
| **原状回復、リフォーム** | 家賃×１〜６ヶ月分 |
| **リノベーション** | 家賃×８〜20ヶ月分（間取り、広さによる） |
| **設備（給排水、配電盤、浄化槽等）** | 事前に、それぞれ専門の工事業者に見積もり |
| **大規模修繕** | 10〜15年周期で屋根、外壁の補修、再塗装、洗浄等の大規模修繕が必要 |

物件購入時や購入後のコストや税金については「賢くお金を残す！大家さんのための節税対策」（長岐隆弘・喜多村洋子共著　ぱる出版刊）に詳しく解説してありますのでそちらをご覧下さい。

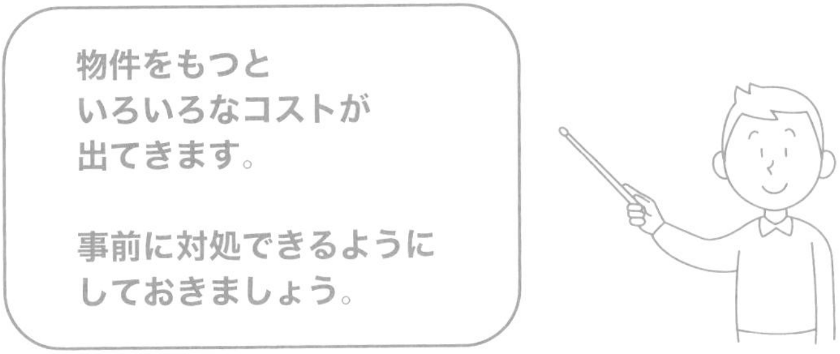

# 第6章

# 新米大家さん
# 5名の成功体験談

実際に大家さんデビューを果たした5人の新米大家さんの体験談を紹介します。いろんなタイプの大家さんを紹介していますので、読者の皆さんに合った体験談を見つけることができるでしょう。

新米大家さん
成功体験談
1

# 家族内での相続をきっかけに5ヶ月で大家さんデビュー

**木村 まきこ**さん（仮名）

［**プロフィール**］

埼玉県在住、30代女性、共働きの夫婦、会社員、一児の母

［**所有物件**］

①2021年10月　新築一棟アパート　木造　利回り約8%

②2023年2月　新築一棟アパート　木造　利回り約9%

## ○不動産投資を始める前は、どのような状況でしたか？

収入源が会社の収入一本であることに不安を覚えて、様々な資産形成に取り組んでいました。その一環として大家業にも興味を持ちました。また、**会社員以外の収入源を求め実家の土地の活用方法を考えていた段階で不動産についても学びたいと考えてベーシック講座の受講を決意しました。**

## ○一棟目の物件を購入した時のエピソードを教えてください

活動開始からの経緯です。

・1ヶ月目：サイト検索の方法を教わり実践。

・2ヶ月目：物件の分析方法を学び、繰り返し実践。物件見学開始。

・3ヶ月目：分析や見学した結果からよいと思われる物件を比較検討。
検討する物件が絞られてきたので、今後の契約等の手順確認。

・4ヶ月目：銀行面談。新設法人設立準備。売買契約、融資本申込。

・5か月目：物件購入完了。

**○メンターから教えられたことで印象に残っていることはありますか？**

メンターとの個別面談や日々の課題添削、メールのやりとりでわからないことを解消しながら理解を深められました。こんなに丁寧に見ていただけると思っていなかったので、毎日忙しいながら充実した日々でした。

また受講生同士のzoom相談会ではその時その時気になっていることをざっくばらんに相談することができ、また、ほかの受講生の方のお話も伺えて、今後のイメージを持つことができました。

**○大家さんデビューして、得られたことはどんなことでしょうか？**

**勉強する前は、不動産投資は怪しい、危ないと考えていました。しかし、受講を機にきちんと学べば初心者で資格や特別な能力が無くても成功することができるいうことがわかりました。**また、持ち前の行動力やコミュニケーション力が活かせる分野であることを知ることができ、楽しみながら活動することができました。

当初は学び始めてから１年後くらいに良い物件が見つかればよいと考えておりましたが、開始５カ月で良い物件に巡り合うことができて、大家さんとして家賃が得られるようになりました。

また、受講生同士とのやり取りでは、不動産を勉強している方は真面目な方が多いと感じました。やることが次々と出てきて大変だなと感じる時も、講座でお会いしたみなさんも努力されたり葛藤したりしているのだろうなと思い、自分一人ではないと感じながら進んでいくことができました。

また、**会社員の方で自分と同じような境遇の方でも、それぞれに合った物件を目指して頑張っていることも刺激になりました。**

**○今後の夢を教えてください。**

現在、２棟目も新築アパートを契約して、2023年２月完成で進めています。本業とは別に設立した資産管理会社の経営も面白いと感じながら取り組んでいます。

今後も買い進めたいという気持ちはありますが、規模拡大よりも設立した資産管理法人の資産を厚くして安定していきたいと考えております。その結果、会社員だけではない別の収入の得方、働き方の選択肢も増やしていきたいと思っています。

**○これから始めようと思っている人にアドバイスをお願いします。**

当初は不動産について学んでみて、よいと思える物件があれば挑戦したいなという気持ちでしたが、日々物件検索や分析を行う中でそのおもしろさや大変さを知り、実際に物件を購入してスタートラインに立ち経営について学んでいきたい意欲が高まりました。ひとつひとつやるべきことを積み重ねる中でできることが増えたり判断が早まったりし、自分の成長を感じることができました。

**始めて４か月で会社を設立して売買契約に臨むことになるとはまったく考えておらず、人はこんなにも変われるんだと驚いています。**

不動産の取得とその後の運営により利益を得ることは簡単なことではないと実感し、努力と知識を積み重ねていける経営者になりたいと思います。その一歩を踏み出すきっかけの場であったと感謝しています。

新米大家さん
成功体験談

2

# サラリーマン大家の条件は自分なりの判断基準から

**安達 俊介**さん（仮名）

［プロフィール］

30代男性、製造業のサラリーマン（開発職）

埼玉県在住、２児の父

［所有物件］

2021年　新築木造アパート　利回り　9.1％

### ○不動産投資を始める前は、どのような状況でしたか？

マイホーム購入直後に人事異動となり、長い通勤時間と過酷な業務を経験したことで、会社員として働き続けることに疑問を感じ、起業や転職を考えるようになりました。

しかし、**生活費や子供の教育費、老後の資金まで生涯で必要なお金のほとんどを会社の給料に依存している状況に気が付き、会社を辞めたときの収入減のリスクを考えるとなかなか踏み出せませんでした。**

何とか現状を変えたいと思い、書籍を読んだり、資産形成セミナーに参加し情報を集めたりする中で興味を持ったのが副業としての不動産投資、いわゆるサラリーマン大家でした。**本業と副業で２つの収入源が作れることが魅力で挑戦してみようと思いました。**

### ○一棟目の物件を購入した時のエピソードを教えてください。

初めは不動産屋から届く大量の物件情報にどれが自分に合っているのか分からずにいましたが、協会のカリキュラムに沿って学習と実践を繰り返す中で徐々に自分の条件を明確にしていくことができました。また、明確になった条件は自分なりの判断基準として落とし込みリスト化することで、検討すべき物件を効率的に見つけていけるようになりました。

僕が購入したのは、神奈川県の新築１棟アパートで、実は数週間前に検討中、別の方の買い付けが入り断念した物件でした。

不動産会社からその物件がローンブレイクになり、買い手を探しているとの連絡をいただいたため、即日、現地確認を行いその場で買付し、無事に購入することができました。

**最初の検討の時に、机上シミュレーションで自分の判断基準をクリアしている事が分かっていたため、話をいただいた時に迷いなく購入に踏み切ることができたのは幸運でした。**連絡をいただいた日が僕の誕生日だったことにもこの物件との縁を感じております。

**○メンターから教えられたことで印象に残っていることはありますか？**

不動産投資に興味があるが本業も忙しい中で、このタイミングで不動産投資を始めるかを迷っていた僕に、「何か新しいことに挑戦するときに、すべての条件がそろうことを待っていては何も始められない」と背中を押していただいた言葉を今でも大切にしています。

**○大家さんデビューして、得られたことはどんなことでしょうか？**

**今まで、お金を稼ぐ方法は労働することとしか考えてきませんでしたが、不動産投資を通じて、自分が働かなくても不動産という資産がお金を稼いでくれることを学ぶことができ、当たり前と感じていた会社での働き方を見直す良い機会になりました。**

勤続15年、毎日必死に働いて上がった給料とほぼ同じ額をアパート１棟で稼ぐことができるという事実は、サラリーマンには衝撃でしたね……。

**○今後の夢を教えてください。**

少しずつ物件規模の拡大していき、10年以内には本業の給料を超える家賃収入を得られるようになりたいです。そして、不動産投資を始めるときに作成したお金があったらやりたいことリストを全部実現してみたいです！

また、**我が子への教育として、不動産投資の仕組みを少しずつ子供たちに伝えていき、労働以外のお金の稼ぎ方があることを知った上で、将来の進路を決められるようになってもらいたいです。**

**○これから始めようと思っている人にアドバイスをお願いします。**

構造、築年数、金額、エリア、利回りなど、欲しい物件を絞り込むために決めなければならない条件はたくさんあります。一方で物件情報も不動産会社からのメール毎日届き山のように溜まっていきます。これらをひとつずつ見ていってはキリがありませんよね。

**僕がおすすめするのは、「自分なりの判断基準」を作ることです。まずは、物件調査を進める中で気になる物件を見つけた時、どこが気になったのかを分析し、その項目をリスト化していくのがよいです。**

ある程度、判断基準が定まってくれば、条件をクリアした物件だけ本格的に調査をすればよいため、物件調査を効率的に進めることができるようになります。また、調査回数を重ねるほどリストはブラッシュアップされていくので、例え買うことができなかった物件でもリストという財産として残ると思えば無駄にはなりません！

新米大家さん
成功体験談
3

# 4人の子供の育児をする ワーキングママ 3ヶ月で一棟目購入

**やぐち あん**さん（仮名）

［**プロフィール**］

40代女性、大学講師

群馬県在住、４児の母

［**所有物件**］

①2021年　新築木造アパート　利回り　7.5%

②2022年　中古木造アパート　利回り　8.1%

③2022年　築古木造戸建て　　利回り15.5%

### ○不動産投資を始める前は、どのような状況でしたか？

**４人の子供の育児をしながら仕事が続けられるか不安がありました。**末っ子の教育資金が準備出来るのか、また不登校や発達グレーゾーンの子供を抱えながらの仕事を続けることが困難で、いつ仕事をクビになるかわからないと感じていました。

**夫は定年まであと10年が見えており、これ以上は労働収入に頼るのは限界と感じておりました。**

### ○一棟目の物件を購入した時のエピソードを教えてください。

**３か月で１棟目を購入し、年間家賃420万円を手にすることができました。**サラリーマンの属性を見てもらえたことが大きかったです。地方でも、１都３県での購入が出来たことがありがたかったです。

**○メンターから教えられたことで印象に残っていることはありますか？**

**とても親身になって、教えて頂き、本当に感謝しております。コロナ禍でも産後2か月でも安心して学ぶことが出来る環境でした。**オンラインでの講座開催は地方から参加する私にとってありがたく、夫と一緒に学ぶことが叶いました。講座が始まる前の動画を夜な夜な夫の近くで見て、感想を聞くことが出来たことが良かったです。個別相談では、無鉄砲な私を抑えつつも的確なアドバイスを頂き、3か月で購入に至ることが出来ました。

一緒に不動産投資を学んだ仲間は、住む場所も、仕事も家族構成も違うメンバーでしたが、情報交換をしながら励まし合いつつ、物件を探し購入できたことがいい思い出です。グループLINEでの他の方の進捗を伺うと、私もぼーっとしていてはいけないなと励まされましたし、実際にお会いする機会があるとすごく盛り上がりました。**お互いの近況を喜び合える仲間の存在は大きかったです。**

**○大家さんデビューして、得られたことはどんなことでしょうか？**

労働収入だけに頼ることなく、収入が得られる方法があるということ、それが私たちにも出来る策があること理解できました。今まで長年働いてきたことが評価されることが嬉しく感じました。また、**子供たちにも不動産を購入する際の知識を受け渡すことが出来る事、就職が難しい発達凸凹なわが子へも、いつか大家業を引き継げるように下地を作ることが出来たと思います。**

コミュニティの力を活かし、同期の仲間と共に、収入アップしたいと切磋琢磨することが出来ました。知識があると、仕事を辞めたとしても進むべき道があることが理解できました。

**○これから始めようと思っている人にアドバイスをお願いします。**

　ワーママさんが子育てで仕事をやめる話は、よく聞きますがその前に１つ物件を買い収入が得られる環境を整えてからでもよいと思います。どんな人でも、不動産投資家になれるのではないかと考えております。夫婦での会話も弾むようになりました。

新米大家さん
成功体験談

4

# 女子大学生でも大家さんに！

**杉下 まゆ**さん（仮名）

［プロフィール］

都内在住、20代前半、独身女性、個人事業主

［所有物件］

①2021年12月　木造戸建て　利回り　13.8%

## ○不動産投資を始める前は、どのような状況でしたか？

**大家業を学び始めた当時は大学生でした。今後どういう人生を歩むかわからず、会社員でも個人事業主でも将来出産を迎えた際に一時的に収入が大きく落ちてしまうことに不安がありました。**その際に、家賃収入があれば不安にならずに人生豊かに過ごせるだろうと考えて学ぶ決意をしました。

また、子どもを産む30歳前後ではなく、実家くらしで親にも頼れる年齢でもある大学生時代が一番お金を貯められる時期だと考えて、独り身の時期に収入を安定できるよう取り組み始めました。

## ○一棟目の物件を購入した時のエピソードを教えてください。

受講当初はまだ大学生だったこともあり、不動産に関する用語がなかなか理解できなかったり、融資を受けられなかったりと、とても苦労しました。また、家を借りたことがなかったので大家さんという存在もわかっているようでわかっていませんでしたし、銀行融資に関する知識や経験もなく、周りの社会人の方と比べて吸収するスピードが

遅かったと思います。
ただ、悩んでいた際にメンターから、さほどお金が無くても取り組める方法を教えていただいたのをきっかけに、ある程度資金が貯まった段階で同じく不動産投資家育成協会で学んだ母から「埼玉県にあるこのオーナーチェンジの築古戸建の物件いいんじゃない？」と言われ調べてみました。
計算したところ、利回りも希望条件通りで、現在の入居者が退去後に、戸建を解体して木造新築アパートを建設した時の利回りも希望条件通りでしたのでさらに調査を進め、物件の現地調査や地元の不動産屋さんへの調査などを経て、購入に至りました。
そもそも、自分でDIYをするような築古戸建てにはそんなに魅力を感じておりませんでしたが、オーナーチェンジですぐに大家さんになれて、将来的には古家を解体してアパートを新築できるような土地だったことも決め手になりました。

**○メンターから教えられたことで印象に残っていることはありますか？**

当初は年齢の近いメンターに教えていただけたので、一歩先の未来が見えて、自分でもできそうだというモチベーションになりました。
ある程度不動産投資を学んだ頃に自分の属性があまり良くなかったり、出せる金額がそこまで多くないため、「購入できる物件がないのでは？」と不安に思っていた時期もありましたが、**メンターにそのような条件下でも大家さんになれる方法を教えて頂けて、物件を探していった結果、21歳の時に両親の協力を得ず一人で大家さんになれました。**

**○大家さんデビューして、得られたことはどんなことでしょうか？**

**現在は本業で個人事業主として従事していますが、仕事柄収入が不安定なため、毎月安定収入が確約されている大家業の収入に安心感を覚え、余計な心配事に頭を悩ませることなく、より本業に集中できるようになりました。**

また個人事業主の仕事量の限界も見えつつあり、それにより月々得られる収入の天井も感じていたため、労働に依存しない大家業の収入は魅力的だと思います。

それ以外にも、親族の相続の際に祖母が頭を悩ませおりましたが、話に参加できるくらい知識を身に付けられましたし、将来マイホームを建てる時の知識も身につけることができ家庭内でマイホームや大家業に関する会話も増えました。

**○今後の夢を教えてください。**

5年以内に本業の収入とは別に同世代のサラリーマン程度の収入を不動産収入で得られるよう、現在精進中です。具体的には、世の中にある物件情報から購入するのではなく、自分で新築アパートを建てるような手法も身に付けられたので実践していきたいと考えております。

**○これから始めようと思っている人にアドバイスをお願いします。**

20代前半の大学生くらいの年が一番お金を貯めやすい時期なので、その時期に自分の今後の人生に繋がるような投資を行い今後の人生がより楽しく不安が少なく生きられるよう、若い世代の大家さんを増やせたら嬉しいです！

**若くても、属性が悪くても、出せる金額が少なくても大家さんになれます！**どれかひとつが理由で、不動産投資に一歩が踏み出せない人は、気にする必要ありませんよ！

新米大家さん成功体験談
5

# フルタイムで働く
# シングルマザーでも
# 大家さんに

**よこや なみ**さん（仮名）

［**プロフィール**］

40代女性、教育機関勤務

愛知県在住、シングルマザー、二児の母

［**所有物件**］

①2023年5月完成予定　新築木造アパート　利回り9.4%

## ○不動産投資を始める前は、どのような状況でしたか？

**シングルマザーの私が、サラリーマンの収入だけで子どもの教育資金や老後の資金を蓄えるのには不安がありました。コツコツとマイホームローンを繰り上げ返済してきたため、不動産に興味を持ち始めたタイミングでは、物件購入に使える現金が100万円しかありませんでした。**しかし、不動産投資家育成協会の講座では、女性、シングルマザー、フルタイムワーママでも大家さんになれるという実績があると知り、この講座に時間とお金を投資し、真剣に学べば大家さんになれると確信して入会しました。

## ○一棟目の物件を購入した時のエピソードを教えてください。

**属性を生かして融資を引いて一棟アパートを買う方向で取り組みましたが、大抵の場合、銀行から1割から2割必要と言われている頭金を出すことができず、自分の融資枠と、狙う物件の価格帯やスペックを定めるのに時間がかかりました。**手持ち資金を確保するために、あらゆる知恵や手段を総結集し、できることは全てチャレンジしました。

**最初の１か月間は毎日物件検索と収支計算を続けました。**不動産会社から提案された新築アパートや中古アパートに取り組みましたが、いずれも収支が回らないか、または融資がつかないかの理由で、進めることができませんでした。

**物件調査と並行し、銀行へ24行問合せし、訪問したのは６行です。最初は訪問がコワかったのですが（笑）、経験によりコツがつかめましたし、自分の融資枠が明確にわかるようになりました。**収益性と利回りが高い築浅の中古アパートか、新築木造で22年融資を狙うしかないとの結論に至り、二者択一で一生懸命活動しました。

物件を調査していくうちに、分析シートを使って融資額と金利の関係、経費や返済比率の関係が少しずつ分かるようになってきました。仲介業者へのヒアリングでは電話や訪問を重ねる中で確認するポイントや聞き方のコツがわかるようになり、今では臆することなくできるようになりました。

**入会から５か月目で、需要が高い地域で利回りもよく、自分が取り組めそうな新築アパートのプランを不動産会社より紹介いただき、融資特約付きで土地の購入を契約しました。**価格帯が5000万円越えのため、融資が難しい印象がありましたが、これまで何度かアタックしていた銀行から、想像を超えるオーバーローンの内諾をいただくことができました。

現在は新築の建築に向け準備を進めています。

**○メンターから教えられたことで印象に残っていることはありますか？**

**メンターやスクールの仲間の皆さんは志と経営マインドが高い方たちばかりで大いに刺激をいただきました。**やりとりのなかで、なぜ不動産投資を始めたのか？と自分に問う場面が何度もあり、マインドセットの大切さを学びました。そして、わからないことはまず足を運び自分で調べ、わからなかったらわかっている人に聞くという姿勢が身に付きました。

**○大家さんデビューして、得られたことはどんなことでしょうか？**

「もし、物件が買えなかったらどうしよう」、「自分はどの銀行からも融資が下りないのではないか？」という不安が常にありました。一方で、「できないわけがない」というメンターからの直々のアドバイスを素直に受け入れ、目標の期限までに必ず結果を出すことに集中して取り組みました。その結果、銀行の眼鏡にかなう物件にようやくたどり着くことができ、諦めないことの大切さを身をもって体験させていただきました。

**○今後の夢を教えてください。**

メンターがいつもおっしゃる「やさしさを大切に感謝しか生まないコミュニティ」はとても素敵な理念です。自分が大家となり経営者になったら、そういった人脈づくりをしていきたいです。そして、サラリーマンの労働収入を超える不動産収入を得られるようになり、時間とお金に縛られない「金持ち母さん」になるのが夢です。子どもたちには大家業に限らず、雇われる以外の稼ぎ方があることを教えていきたいです。

**○これから始めようと思っている人にアドバイスをお願いします。**

不動産に使える手持ち資金として最低300万円はないと、いかなる物件を狙うにしても、かなり苦戦することになります。では、300万円もないという方が、物件を買うことができないかと言ったら、手持ち資金が100万円しかなかった私でも、物件が購入できましたので、コツコツと貯金しつつ、諦めずにチャレンジしてみることをお勧めします。

# おわりに

最後までお読みいただき誠にありがとうございます。

本書は、非営利型一般社団法人不動産投資家育成協会が2018年に出版した「不動産投資 一棟目の教科書」の改訂版となります。本書は、不動産投資家育成協会の英知を結集した内容であり、私一個人の経験や知識では到底到達できないほど、不動産投資を真剣に学びたい人にとって、実証的でわかりやすく、しかも奥の深い内容になっていると自負しております。

本書の執筆にあたっては、執筆に快く協力してくれた認定講師の長政豊さん、高市亮さん、成田勉さん、いなみ しょうこさん、そのほかにも、版元である自由国民社の皆様、不動産投資家育成協会の認定講師、インストラクター、会員様など、様々な方のご協力をいただきました。この場を借りてお礼申し上げます。

本書を出版するに至った経緯は、不動産投資を全く知らない初心者であっても、効率的にかつ、体系的に学べる「一棟目購入の教科書」を作りたいという気持ちでした。昨今の不動産投資に関する書籍は、書店の本棚を埋めつくほど、あらゆる種類の本が並び、毎月何冊も新刊が出版されている状況です。

そのような情報の渦に巻き込まれている初心者の方にとって、本当に必要な知識やノウハウは何かということを本書の作成に当たりとことん追求しました。そのため、重要な論点であっても、応用的だったり、難易度が高かったりするものについてはあえて記載せず、無駄なものをそぎ落としました。しかし、残したテーマに関してはできるだけ平易にわかりやすさを重視して丁寧に解説しました。
　また2018年から5年間で新たに蓄積されたノウハウを見直し、現在でも再現可能な方法を本書に盛り込みました。
　改訂にあたって、初心者でもわかりやすいという観点から、本書を全面的に見直し、必要な箇所には新たに原稿を追加しました。
　本書以外にも、不動産投資家育成協会のオリジナルのコンテンツはまだまだ紹介しきれないほど他にもたくさんあります。もっと高度の内容について学びたい、賃貸経営の本質について学びたいという方は、本書の続編「新世代大家　完全実行マニュアル」をご覧いただければと思います。

　また、本書を書籍化するにあたって、泣く泣く、削除した内容については、読者限定特典として、さらに学習を深める補助教材を用意しておりますので、詳しくは巻末の「読者限定特典」ページをご覧ください。

2023年2月吉日

非営利型一般社団法人　不動産投資家育成協会
代表理事　長岐　隆弘

## 非営利型一般社団法人不動産投資家育成協会の理念と取り組み

非営利型一般社団法人不動産投資家育成協会は、「**不動産投資で安定した暮らしを実現し、未来の人生を創る**」を理念に掲げ、年齢、性別、職業、年収、資産状況のいかんにかかわらず、より多くの方々が不動産投資を学び、共通の価値観を持つ仲間たちと共有する場の機会を提供する不動産投資家の団体です。当協会は、不動産を所有しているかどうかは関係なく、**どんな方であっても不動産投資によって資産形成をしたいという方に門戸を開いています。**

現在2000名以上の会員が、北海道から沖縄まで日本全国あるいは広く海外にまで在籍しています。年齢層は20代〜60代と幅広く、職業も会社員、公務員の方を中心として、自営業者、個人事業主、会社経営者、医師、税理士などの士業、専業主婦や学生など非常に幅広い職業の方が在籍しています。

当協会は、以下のような社会を創っていけるように、活動していきます。

**1.【経済的・時間的自由の両立】**

不動産投資家の活動を一般社会に広く啓蒙することにより、一人でも多くの方が不動産投資に取り組み、その結果、現在の経済状況をよりよい方向へ改善できる社会をつくる。その結果、経済的自由と時間的自由の両方を手に入れて、豊かな人生を手に入れられるようにする。

**2.【お金についての学びの場の提供】**

どんな職業であったとしても、副業で収入を得たいと思った人に対して、お金についての学びの場を提供する。その結果、不動産投資で副収入を得ることが当たり前の世の中になり、お金や投資の話が家族や会社の同僚や上司とも自由に話せるような環境の社会を作る。

**3.【子供への金融教育の普及】**

日本全体の子供への金融教育を普及させる取り組みを行うことで、義務教育の中に資産運用や投資の授業と取り入れるような社会を築く。

**4.【地域経済活性化】**

先祖からからの土地をただ継承する旧来型の大家に変わり、不動産賃貸経営に対して、地域社会に住空間を提供する事業者としてしっかりとした経営の考えを持った「新世代大家®」を育成することで、地域経済の振興に貢献する世の中を作る。

**◉現在、当協会としては日本人のマネーリテラシーを向上させる具体的な取り組みとして、以下のようなスクール事業を展開しています。**

**【不動産投資家養成講座ベーシックコース】**

不動産投資の初心者を対象とする、不動産投資の基本を学び、１棟目の物件を購入できるスキルを身につけるための講座

**【不動産投資家養成講座アドバンスコース】**

すでに物件を持っているオーナーを対象とする、不動産賃貸経営の本質を学び、複数棟の資産形成を可能するスキルを身につけるための講座

**【認定講師養成講座】**

不動産投資のすばらしさを伝え、協会員の資産形成をサポートする認定講師になるための講座

**【ゼロイチ大家講座】**

不動産について全くの初心者を対象とし、マイホームの購入や相続について悩んでいる人が不動産の資産価値について正しく理解するための入門講座

※スクール事業に関するお問い合わせは以下のとおり。

**非営利型一般社団法人不動産投資家育成協会**
〒230-0051
横浜市鶴見区鶴見中央1-23-18コスモプラザ403
Website：http://ries.or.jp/
E-mail：info@ries.or.jp
電話：045-642-6650
FAX：045-642-6671
営業時間：平日9：00～17：00（土日祝を除く）

## 読者限定特典

### 「不動産投資一棟目の教科書」の3大プレゼント！

本書を読まれて、不動産投資にチャレンジしてみたい、という皆さんに、読者限定特典として、今回に限り特別にあなたに差し上げます。

**1．現地調査チェックシート**

**2．かんたんキャッシュフロー表作成エクセルシート**

**3．「不動産投資一棟目の教科書」特別オンライン講座**

**ご希望の方は、このQRコードへアクセス！**

## 【監修者・執筆者　プロフィール】

### 長岐 隆弘（ながき　たかひろ）［監修］

非営利型 一般社団法人不動産投資家育成協会　代表理事。

メガバンク行員時代の知識と経験をもとに、不動産投資により、月100 万円以上の「お金を増やすしくみ」を築いて「経済的自由」を実現し、現在は、都内を中心に６棟70室の賃貸物件を保有。不動産投資歴13年。現在は専業大家として活動するかたわら、10年間で累計2,000 名を超える不動産投資家を輩出する非営利型一般社団法人不動産投資家育成協会の代表としても活躍。

どんな人でも、知識ゼロ、貯金ゼロから「月100万円以上の現金収入を生み出すお金を増やすしくみを作る」という独自の投資理論は、将来に不安を感じるサラリーマン、OL、主婦、学生などの投資家予備軍にも多大な影響を与え続けている。

不動産や資産運用に関する書籍を17冊出版しており、累計15万部を突破。

野村不動産アーバンネットをはじめとする大手企業や商工会議所などの団体からの講演依頼も多く、フジテレビの全国放送「ダウンタウンなう」へのテレビ出演や、『週刊ダイヤモンド』『日経アソシエ』など、メディアからの取材も多数。

### 高市 亮（たかいち りょう）［第１章及び第４章担当］

非営利型 一般社団法人 不動産投資家育成協会 理事 東京第一支部長。

大学を卒業後、安定した会社員生活を求め電機メーカーに就職。技術者としてモノづくりに従事していたが、会社の業績悪化によるリストラの危機を経験したことをきっかけに、会社に依存しない収入源を築くため大家業を開始。その後、物件を買い進めて会社員から独立。

大家業との出会いにより自身の人生が大きく広がったことから、現在は「より多くの人々の可能性を広げる支援をしたい」という想いから、認定講師として活動して、個別に300名以上の指導実績を持つ。会社員、個人事業主、経営者などあらゆる属性の方に大家業を指導するプロフェッショナル。

メディア実績として出版５冊、週刊ダイヤモンド寄稿の他に、セミナー講師として延べ 2,000 名以上の講演実績を持つ。

### 長政 豊（ながまさ ゆたか）［第３章担当］

非営利型一般社団法人 不動産投資家育成協会 理事 東京第二支部長。

素材系メーカーに就職し、研究開発でキャリアを積み、量産のため海外工場立ち上げの任務を負って海外駐在員となる。駐在先では約100名を率いて約20億円の投資を実行し、２年後には目標の年間利益10億円に到達させる。そんな時、仕事の負荷が限界を超え、体調を崩し休職する。帰国後、たまたま手に取った書籍をきっかけに長岐隆弘氏に出会う。知識ゼロ・経験ゼロの状態から、その教えを忠実に再現することで不動産投資を開始。２年６ヵ月後には不動産投資のキャッシュフローが会社員の給与を超える。不動産投資歴８年。現在、不動産投資の可能性や注意点を広く伝えるべく、講師活動を開始。研究開発職で身につけた根気強さ・調査分析力、また、海外工場の責任者で身につけたチーム作りや対立解消術を元に「会社員」「大家業」「講師業」３つの仕事を兼務して、いずれも同じだけの手取り収入に到達し、２年が経過した。講師歴６年。

著作は「不動産投資一棟目の教科書」（自由国民社）「不動産投資の講師で年収1000万円稼げるわけ」（秀和システム）「2018-2019年版不動産投資エリアデータブック」（秀和システム）。週刊ダイヤモンド2018年9月8日号寄稿。

### 成田 勉（なりた つとむ）　［第５章担当］

非営利型 一般社団法人 不動産投資家育成協会 名古屋支部長。

元保育園園長。不動産投資歴21年。講師歴11年で累計500名を超える門下生を指導する。不動産投資手法を書かない不動産投資本「高校中退父さんのみるみる収入が増える不動産投資の授業」「高校中退父さんの小学校の算数だけでお金持ち大家さんになる方法」はいずれもAmazonで１位を取り増刷出来を達成して他共著作３作、寄稿した不動産投資本も６作に及ぶ。いじめに遭って高校中退し底辺サラリーマンから27歳で起業し、妻子のために保育園経営するも「このままでは生活できない」と不動産投資を開始。ガレージ投資、激安戸建て＆区分所有、中古マンション＆アパート、新築RC＆木造、都心部＆地方、民泊、シェアハウスなど多くの手法を実践。息子を偏差値52の公立高校から慶應義塾大学に現役合格させた教育メソッドで知識ゼロからでも「大家さんになれる」指導実績は８割に迫る成果率を誇る。全国の大家の会、教育系団体など講演多数。大家になる.jp主宰

### いなみ しょうこ　［第２章担当］

非営利型 一般社団法人 不動産投資家育成協会 マスター認定講師　ゼロイチ大家マスターインストラクター。

２人姉妹の母。大手メーカー女性管理職。インテリアコーディネーター。

宮崎出身、東京在住。夫が会社を辞め、一家の大黒柱となったことで、子育てしながらフルタイムで働くも、お金も心も余裕のない生活に不安を感じ、株式やＦ Ｘなど投資を始める。

東京オリンピック開催決定直後に、将来の売却益を見据えたマイホーム（中古マンション）を購入。マイホームが購入時の1.6倍に値上がりしたことをきっかけに不動産に興味を持ち、2016年に大阪に投資用区分マンション３室を購入し、ママ大家となる。

コロナを経て2021年に不動産投資家育成協会に入会。所有していた区分マンションをプラスで売却し、その３週間後に新築一棟アパートを契約。所有不動産を入れ替え、資産を拡大中。

他に「お母さんが自分も家族も大切にし、賢くしなやかに生きるサポートをしたい」という想いから、2019年に会社公認の複業で講師として起業。セミナー参加者2000名超のトップ講師。大手企業の女性活躍研修や、大学・中高生向けキャリア研修等で登壇実績あり。

## 用語解説

P6　**属性**：年齢や家族構成、年収や資産状況、勤務先等の個人情報及び、ローンや公共料金等の支払い情報のこと。

P18　**管理費**：賃貸不動産の建物・設備の維持管理に必要な経費のこと。区分マンションでは、管理組合に、一棟物では管理会社に支払う。

P22　**客付け**（きゃくづけ）：不動産会社が買い手や、賃貸物件の借り手を見つけて仲介を行うこと。

P33　**物件選定**：一口に収益物件といっても、区分所有なのか一棟物なのか、新築なのか中古なのか。また構造や築年によっても変わる。それらを選定することを、物件選定という。

P34　**物件探し**：収益物件をインターネットで検索すること。主に不動産投資情報専門サイトを使って検索を行う。

P34　**収支計算**：その物件がどれくらいの収益を生み出すのか計算すること。

P35　**マーケティング**：人口動態、商業圏の有無、賃貸ニーズなど、様々な視点からエリアの特性や将来の市場動向を分析すること。

P35　**買付け**（かいつけ）：書面による購入申込みを行うこと。その書面を「買付証明書（かいつけしょうめいしょ）」という。

P35　**融資打診**：融資の本申込みを行う前に、「融資条件に合致するか」「合致する場合、どんな融資を受けられるのか」といったことを事前に打診をすること。

P35　**審査**：融資を受けるための金融機関による審査。主に年収と自己資金、購入する物件の評価を審査する。

P36　**金銭消費貸借契約**（きんせんしょうひたいしゃくけいやく）：融資の借入に際して金融機関と締結する契約融資条件（融資金額、返済方法、返済期日、利率、返済額など）や抵当権設定に関すること、繰上返済や期日前全額返済に関すること、遅延損害金に関することなどが盛り込まれている。

P42　**メンター**：目指すロールモデル（目標）として存在し、アドバイスをもらう関係性。師匠。

P47　**ヒエラルキー**：社会的な階層構造または上下関係のこと。

P53　**買取再販業者**（かいとりさいはんぎょうしゃ）：所有者から買取り、売主に再販する不動産会社。

P54　**中間省略登記**（ちゅうかんしょうりゃくとうき）：不動産会社が買取再販の際に名義変更せずに転売する登記。第1契約（第3者のための契約）を不動産会社・売主と行い、第2契約を不動産会社・買主と行い同日決済し、中間の登記を省略すること。

P53　**両手の取引**：売主、買主の双方から売買仲介手数料を得ること。

P54　**片手の取引**：売主、買主どちらか一方から売買手数仲介料を得ること。

P57　**第3者のための契約**：中間省略登記を行う不動産会社と売主が行う契約。

P69　**キャッシュフロー**：満室想定賃料－（ローンの支払い＋経費）＝キャッシュフロー。

P91　**資料請求**：物件検索を行った結果、その情報に対して詳細情報を請求すること。

P91　**販売図面**：その物件に関する全体の要点をとりまとめた資料のこと。価格、取引形態、土地建物の所在地、面積、地目、用途地域、構造などが記載されている。

P93　**幅員**（ふくいん）：道路幅のこと。

P93　**接道**（せつどう）：その土地が幅員4mの道路に2m以上接していること。

P95　**満室想定賃料**：収益物件が満室になった場合の「想定家賃収入」のことを指す。

P126　**ハザードマップ**：自然災害が発生した場合の被害を予測して、その被害の程度と範囲を示した地図。

P140　**コンパクトシティ**：都市の中心部に都市機能を集約させて効率化させることで、都市的土地利用の郊外への拡大を抑制すると同時に中心市街地の活性化を図る都市政策。

P147　**表面利回り**：年間の家賃収入を物件価格で割ったもので、購入経費や賃貸経営に必要な諸経費を考慮に入れていない。

P158 **境界杭**：隣接土地所有者同士で境界を確認した後に、土地の境界に打設する杭。石杭、御影石等様々な素材がある。

P160 **セットバック**：建築基準法上の道路に接道をしていても、2項道路（建築基準法第42条第２項の規定により道路であるものとみなされた幅4m未満の道）に面する土地では、道路の中心線から2mの位置まで敷地を後退させる必要があり、そのことをセットバックという。

P161 **地形**（じがた）：その土地の形状。

P164 **共用部分**（きょうようぶぶん）：専用部分を除いた、その建物内で共有している箇所。エントランス、共用廊下、階段、エレベーターホール、機械室、車庫などがある。

P167 **点検報告済証**：年に１度の貯水槽点検を行ったときに発行されるステッカー。

P170 **越境**（えっきょう）：建物の一部や植栽が、自分の敷地から隣接物件の敷地に対して、または隣接物件から自分の敷地に侵入すること。

P171 **太陽光発電**：太陽発電とは、太陽電池によって太陽光のエネルギーを直接に電力に変換する発電方式をいう。太陽光発電投資は、原則20年間電力会社に一定価格で太陽光発電した電力を買取ってもらうことによって収入を得る投資を指す。

P180 **買付証明書**（かいつけしょうめいしょ）：購入希望者が、購入の意思を書面にしたもの。

P181 **融資特約**：不動産は購入に当たって、融資を使うことが一般的なため、融資が受けられなかった場合は売買契約を白紙に戻せるという特約のこと。

P183 **返済比率**：年間家賃収入に対する年間借入返済額（元金＋利息）の割合のこと。

P184 **元利均等返済**（がんりきんとうへんさい）：返済額（元金＋利息）が一定となる返済方法。毎月の返済額は同じだが、同じ返済期間の場合、元金均等返済よりも総返済額が多くなる。

P184 **元金均等返済**（がんきんきんとうへんさい）：毎月の返済額のうち、元金の額が一定となる返済方法。最初のうちの返済額は多いが、元金の減りに比例して利息分が減り、月々の返済額が減少していく。

P186 **普通抵当**（ふつうていとう）：金融機関が不動産を担保に融資する際に設定される担保物権のこと。

P186 **根抵当**（ねていとう）：抵当権の一種で、一定範囲内の不特定の債権を、極度額を上限として担保する抵当権。

P186 **第２抵当権**：１つの不動産に対して複数の抵当権が設定される場合、各抵当権者が優先弁済を受ける順位に応じて「第１抵当権」「第２抵当権」……と呼ばれる。第２抵当権は２番目に設定された抵当権のこと。

P191 **心理的瑕疵**：物件そのものに瑕疵・欠陥があるわけではなく、殺人や自殺など過去に事件・事故があった、あるいは近隣に嫌悪施設があるなど、借り手が強い心理的抵抗を感じやすい条件があることを指す。

P192 **売渡承諾書**（うりわたししょうだくしょ）：所有者が所有不動産を売却する意思がある旨を特定または不特定の第三者にあてて表明する文書のこと。

P193 **手付金流し**（てつけきんながし）：売買契約締結後、買主の都合で契約を解除するとき、買主は手付金を放棄しなければならない。手付金が戻らず、流れてしまうので手付け流しという。

P194 **内諾**（ないだく）：融資審査の過程で、正式に融資承認をされる前に、内々に承諾を得ること。

P200 **石綿**（アスベスト）：微細な繊維状の鉱物が結束した天然の鉱物繊維。蛇紋石系、角閃石系がある。かつては建設資材をはじめ様々な用途に使用されてきたが、粉末の吸入が後に中皮腫（ちゅうひしゅ）や肺癌（はいがん）を引き起こすとされ、現在は使用規制されている。

P200 **土壌汚染**：有害な物質（＝特定有害物質）が土壌に浸透して土壌や地下水が汚染された状態を指す。

P201 **固定資産税評価額**：市町村が算定する固定資産税の基準となる価格。固定資産税評価額の決め方は「固定資産評価基準」に基づいて算定される。

書名　不動産投資《ふどうさんとうし》 一棟目《いっとうめ》の教科書《きょうかしょ》 改訂新版

2023年3月13日　初版第1刷発行

監修　長岐　隆弘（ながき・たかひろ）

編著者　非営利型一般財団法人 不動産投資家育成協会

発行人　石井　悟

発行所　株式会社自由国民社　https://www.jiyu.co.jp/
東京都豊島区高田3-10-11　〒171-0033
振替　00100-6-189009
電話　03-6233-0781（代表）

印刷所　奥村印刷株式会社
製本所　新風製本株式会社

本文組版：有限会社中央制作社
イラスト：設楽政男（中央制作社）
デザイン：丸山邦朋（中央制作社）
進行管理：関口隆史（中央制作社）

企画協力：有限会社インプルーブ



ISBN 978-4-426-12874-6